PORTUGUÊS AO VIVO

TEXTOS E EXERCÍCIOS

NÍVEL 1

Edição Revista

AUTOR

Marília Margareth Cascalho

DIRECÇÃO

Renato Borges de Sousa

CIAL — CENTRO DE LÍNGUAS

Lidel - edições técnicas, lda.

LISBOA — PORTO — COIMBRA

e-mail: lidel@lidel.pt

http://www.lidel.pt (Lidel On-line)

(*site* seguro certificado pela Thawte)

EDIÇÃO E DISTRIBUIÇÃO

Lidel - edições técnicas, lda.

ESCRITÓRIO: Rua D. Estefânia, 183, r/c Dto. – 1049-057 Lisboa — Telefs.: Ens. Línguas/Exportação: 21 351 14 42 – depinternational@lidel.pt;
Marketing/Formação: 21 351 14 46 – marketing@lidel.pt/formacao@lidel.pt; Revenda: 21 351 14 43 – revenda@lidel.pt;
Linhas de Autores: 21 351 14 47/9 – edicoes@lidel.pt; S. Vendas Medicina: 21 351 14 48 – venda.directa@lidel.pt;
Mailing/Internet: 21 351 14 45 – mailnet@lidel.pt; Tesouraria/Periódicos: 21 351 14 41 – depam@lidel.pt
Fax: 21 357 78 27 - 21 352 26 84
LIVRARIAS: LISBOA: Av. Praia da Vitória, 14 – 1000-247 Lisboa — Telef. 21 354 14 18 – Fax 21 357 78 27 – livrarialx@lidel.pt
PORTO: Rua Damião de Góis, 452 – 4050-224 Porto — Telef. 22 557 35 10 – Fax 22 550 11 19 – delporto@lidel.pt
COIMBRA: Av. Emídio Navarro, 11-2º – 3000-150 Coimbra — Telef. 239 82 24 86 – Fax 239 82 72 21 – delcoimbra@lidel.pt

Copyright © 1996
Edição Revista Março 2002
LIDEL – Edições Técnicas, Limitada

Capa: Manuel J. Freire Libreiro

Impressão e acabamento: Tipografia Lousanense, Lda. – Lousã

ISBN 972-9018-38-3

Depósito Legal: 176732/02

ÍNDICE

UNIDADE	TÍTULO	TIPO DE TEXTO/TÓPICO	ÁREA LEXICAL	ÁREA ESTRUTURAL	OBJECTIVOS FUNCIONAIS
10 Pág. 41	Ao Telefone	- Diálogos ao telefone.	- Expressões ao telefone.	- Expressões perifrásticas: Estar a + inf. Ver + inf. acabar de + inf. - Preposições.	- Telefonar. - Atender o telefone.
11 Pág. 45	A Semana da Pechincha	- Uma história sobre um anúncio.	- Os anúncios de Jornal.	- Graus dos adjectivos. - Revisões do P.I.;P.P.S.; Imperativo.	- Vender por anúncio. - Comprar por anúncio.
12 Pág. 49	Na Livraria	- Diálogos para compra de livros numa livraria.	- Livros Didácticos. - Vocabulário referente a uma compra numa livraria.	- Demonstrativos regulares e irregulares - Pronomes interrogativos.	- Atender dentro duma livraria. - Perguntar preços.
13 Pág. 53	Na Pastelaria	- Um encontro de duas amigas numa pastelaria.	- O que se come e bebe numa pastelaria. - Vocabulário referente ao pagamento.	- Pronomes interrogativos - Tudo - Todo	- Pedir e ser atendido numa pastelaria. - Pedir a conta e pagar.
14 Pág. 57	Pedindo Informações	- Informações sobre vários pontos de Lisboa.	- Expressões de orientação dentro de uma cidade.	- Revisão verbal. - Futuro do Indicativo.	- Pedir informações na rua. - Dar informações na rua.
15 Pág. 61	Ida ao Médico	- Atendimento dentro de um consultório médico.	- Conselhos médicos. - Vocabulário referente ao atendimento de doentes.	- Revisão verbal (verbos regulares e irregulares).	- Apresentar problemas de saúde ao médico. - Pedir a conta e pagar.
16 Pág. 65	Ida a um Armazém	- A compra de um par de sapatos.	- Vocabulário referente à compra de sapatos.	- Pronomes pessoais e demonstrativos. - Verbos (P.I./ P.P.S. Imperativo).	- Comprar numa sapataria. - Atender numa sapataría.
17 Pág. 69	Vestuário Masculino	- A compra de um fato.	- Roupa para homem.	- Condicional presente. - Verbos seguidos de preposição.	- Comprar roupa para homem. - Atender numa loja de roupa.
18 Pág. 73	O Correio	- O que se pode fazer dentro do correio.	- Vocabulário referente ao envio de cartas e encomendas.	- Pronomes interrogativos. - Preposições.	- Pedir informações no correio. - Comprar selos e enviar encomendas.

2

UNIDADE	TÍTULO	TIPO DE TEXTO/TÓPICO	ÁREA LEXICAL	ÁREA ESTRUTURAL	OBJECTIVOS FUNCIONAIS
19 Pág. 77	A Infância do Nuno	- Histórias da Infância.	- Vocabulário referente ao relato de histórias. - As várias fases da vida.	- Imperfeito do indicativo. - Pronomes interrogativos.	- Relatar factos passados na meninice.
20 Pág. 81	Uma Ida à Pesca	- Histórias da infância.	- Vários desportos.	- Pronomes relativos. - Revisão verbal:P.P.S./ Imp.Ind..	- Contar um episódio familiar.
21 Pág. 85	Um Jantar Imprevisto	- Um jantar improvisado.	- Vários locais de venda de alimentos.	- Revisão verbal:P.I. / P.P.S. / Imp. Ind.	- Contar um episódio familiar.
22 Pág. 89	Uma Casa	- As divisões de uma casa.	- As divisões de uma casa. - Vocabulário referente a frutas.	- Revisão verbal. - Pronomes interrogativos.	- Apresentar as divisões de uma casa e sua utilidade.
23 Pág. 93	Reserva de Quarto no Hotel	- A reserva de um quarto por telefone.	- A reserva de um quarto de hotel - Pedido de informações ao telefone.	- Preposições - Advérbios de modo(-mente).	- Reservar um quarto num hotel. - Dar informações.
24 Pág. 97	Na Recepção do Hotel	- Atendimento ao balcão da recepção de um hotel.	- Informações dadas pela recepção de um hotel.	- Voz passiva.	- Apresentar o 1º contacto entre o cliente e a recepção de um hotel.
25 Pág. 101	Vestuário Feminino	- A compra de uma blusa.	- Roupa para mulher.	- Revisão verbal.	- Comprar numa loja. - Atender numa loja.
26 Pág. 105	Férias	- Projectos para viajar.	- Vocabulário referente a planos de férias.	- Pretérito perfeito composto.	- Planear férias.
27 Pág. 109	No Banco	- A abertura de uma conta a prazo.	- Vocabulário referente a operações bancárias.	- Revisão do P.P.S. + Imperfeito do Indicativo.	- Abrir uma conta a prazo num banco. - Pedir informações num banco.
28 Pág. 113	A Farmácia	- Diálogo entre dois amigos sobre medicamentos.	- Doenças. - Medicamentos.	- Pretérito mais que Perfeito. - Discurso directo e discurso indirecto.	- Aviar medicamentos.
29 Pág. 117	O Euro	- Apresentação do Euro.	- O Euro moedas/notas - Outras moedas.	- Revisão verbal.	- Conhecer o Euro.
30 Pág. 121	Três Dias de Greve	- Uma história.	- Tarefas domésticas.	- Preposições. - Pronomes pessoais (complementos directo e indirecto).	- Relatar uma história.

Solução dos Exercícios
Pág. 125

3

PREFÁCIO

O Português, como língua de comunicação internacional, tem actualmente uma dimensão verdadeiramente mundial resultante do número de falantes que a usam como língua materna na Europa, no Brasil e nos países lusófonos de África.

No entanto a sua importância actual deriva igualmente do interesse demonstrado por cidadãos de outras nacionalidades que, por razões económicas, culturais ou de outra natureza, necessitam de aprender português como língua estrangeira ou como segunda língua. No contexto actual do ensino de línguas, o português carece, apesar de tudo, de tradição. E, embora seja hoje a terceira língua europeia mais falada no mundo — sendo inclusive, a segunda no grupo românico — as suas escassas três décadas de experiência nesta área apresentam um grande vazio no que concerne à existência de livros de ensino devidamente elaborados e integrados nas modernas orientações pedagógicas.

A Série «Português ao Vivo», aqui apresentada, vem dar um contributo válido facultando ao professor materiais de trabalho que constituem um apoio prático e eficiente e tendo sempre em conta um público heterogéneo que procura uma aprendizagem acessível e rápida — *mas sempre rigorosa* — da língua portuguesa.

A série «Português ao Vivo» foi pensada como material suplementar, razão pela qual não contém quadros explicativos de gramática, mas permite ao aluno elaborar um trabalho autónomo e auto-correctivo.

Os textos e exercícios (escritos e áudio) apresentados nesta série têm 1 livro e 1 cassete áudio para cada um dos níveis de conhecimentos — Elementar ./. Intermédio ./. Avançado e integram expressões e idiomatismos de uso corrente, pretendendo-se com isto alargar o conhecimento do vocabulário do estudante, inserido na realidade quotidiana portuguesa.

Renato Borges de Sousa

UNIDADE 1

O PRIMEIRO DIÁLOGO

Ele: Desculpe, este lugar está vago?
Ela: Sim, está.
Ele: Posso sentar-me?
Ela: Faz favor.
Ele: Não é portuguesa, pois não?
Ela: Não, sou francesa.
Ele: Mora em Lisboa?
Ela: Não, moro no Porto.
Ele: E gosta do Porto?
Ela: Sim, bastante. Mas gosto mais de Lisboa.
Ele: E dos portugueses?
Ela: Os portugueses são muito simpáticos.
Ele: Eu chamo-me Nuno. E você?
Ela: Françoise. Muito prazer.

Vocabulário

Interpretação

lugar = cadeira

vago = livre / não ocupado

mora = vive

bastante = muito

Porto = uma cidade portuguesa

Compreensão

I — *Responda às seguintes perguntas:*

1. O lugar está vago ou ocupado?

2. Quem fala primeiro?

3. Qual é a primeira pergunta dele?

4. Como é que ele se chama?

5. Como é que ela se chama?

6. Qual é a nacionalidade dela?

7. Ele é francês?

8. Onde é que ela mora?

9. Ela gosta mais do Porto ou de Lisboa?

10. Na opinião da Françoise, como são os portugueses?

II — *Procure no texto a palavra que diz:*

1. O que está vago.

2. A nacionalidade da Françoise.

3. A cidade onde ela mora.

4. Como são os portugueses.

III — Complete os espaços com as palavras adequadas.

1 — Ele — Qual é a sua_____?
   Ela — Sou francesa. E_____, é português?

2 — Ele — Onde_____ _____você mora?
   Ela — _____ no Porto, mas gosto muito de Lisboa.

3 — Ele — Você_____ dos portugueses?
   Ela — Gosto, são muito_____.

IV — Verdadeiro ou falso?

	V	F
1 — A Françoise é francesa e mora em Lisboa.	☐	☐
2 — Na opinião do Nuno os portugueses são simpáticos.	☐	☐
3 — A Françoise mora no Porto.	☐	☐
4 — O Nuno senta-se perto da Françoise.	☐	☐

Vocabulário

Prática

I — Complete os espaços:

1. Ela é da Itália. Ela é_____.
2. Ele é da Inglaterra. Ele é_____.
3. Eles são da França. Eles são_____.

II — Procure no texto o oposto de:

1. Ocupado

3. Pouco

2. Levantar-se

4. Antipático

Gramática

Prática

I — *Preencha com os pronomes interrogativos:* **Quem? Onde? Como?**

1. _____ mora a Françoise?
2. _____ são os portugueses?
3. _____ é francesa?

II — *Ponha em ordem*

Exemplo: Porto / ela / no / mora

Ela mora no Porto.

1. não / portuguesa / é / ela

_____

2. são / portugueses / os / simpáticos

_____

III — *Faça frases com as seguintes palavras*

Exemplo: Ela / não / é / Portugal

Ela não é de Portugal.

1. Ela / mora / Porto / mas / gosta / mais / Lisboa

_____

2. nacionalidade / Françoise / é / francesa

_____

UNIDADE 2

O CONVITE

Nuno: Você é a Françoise, não é?

Françoise: Sou. Ah! Você é o Nuno. Como está?

Nuno: Bem, obrigado. Então, e você? Está a passar aqui o fim-de--semana em Lisboa?

Françoise: Sim, estou aqui em Lisboa, na casa de amigos.

Nuno: E o que é que vai fazer hoje à noite?

Françoise: Penso ir ao teatro ou a um cinema.

Nuno: Gosta de música?

Françoise: Adoro.

Nuno: Então, posso convidá-la esta noite para um recital de piano? O pianista é espanhol e é muito conhecido.

Françoise: Claro, é um prazer.

Vocabulário

Interpretação

fim-de-semana = sábado e domingo

adorar = gostar muito

convidar = fazer um convite

conhecido = popular / famoso

claro = certamente

9

Compreensão

I — *Responda às seguintes perguntas:*

1. Quem é que o Nuno encontra em Lisboa?

2. O que é que a Françoise está a fazer em Lisboa?

3. Onde é que ela está a morar em Lisboa?

4. O que é que ela vai fazer à noite?

5. Ela gosta de música? E o Nuno?

6. Quando é o recital de piano?

7. Qual é a nacionalidade do pianista?

8. A Françoise aceita o convite do Nuno?

9. A Françoise está a passar o fim-de-semana em Lisboa.
   Quais são os dias do fim-de-semana?

10. E os outros dias da semana? Quais são?

II — *Procure no texto a palavra que diz:*

1. De quem é a casa onde está a Françoise.

2. Quando é o recital de piano.

3. A nacionalidade do pianista.

4. Que a Françoise gosta muito de música.

III — *Complete os espaços com as palavras adequadas:*

1. Nuno: Onde é que está a passar o fim-_____-_____?

   Françoise: Na _____ de amigos, aqui em Lisboa.

2. Nuno: O que é que vai _____ hoje à noite?

   Françoise: Penso _____ ao teatro.

3. Nuno: Quer ir a um _____ de piano hoje à noite?

   Françoise: Claro. Vou com muito_____.

IV — *Verdadeiro ou falso*

	V	F
1. A Françoise está na casa do Nuno.	☐	☐
2. O Nuno encontra a Françoise na casa de amigos.	☐	☐
3. O Nuno e a Françoise gostam de música.	☐	☐
4. O pianista não é muito conhecido.	☐	☐

Vocabulário

Prática

I — *Complete os espaços:*

1 — um _____ tem 4 semanas.

2 — um _____ tem 12 meses.

3 — um _____ tem 100 anos.

II — *Procure no texto o oposto de :*

1. princípio —> _____
2. inimigos —> _____
3. dia —> _____
4. pouco —> _____

Gramática

Prática

I — Complete com os verbos na forma correcta do Presente do Indicativo:

1. Hoje _____ (ir) a um concerto com o meu amigo Nuno.

2. O Nuno _____ (convidar) a Françoise para ir ouvir um pianista espanhol.

3. A Françoise e o Nuno _____ (gostar) muito de música.

II — Complete com preposições (com ou sem artigo)

1. Ela está _____ Lisboa _____ casa de amigos.

2. A Françoise vai _____ o Nuno _____ um recital de piano.

3. O recital é _____ noite e o pianista é muito famoso.

4. Ela vai _____ recital _____ muito prazer.

UNIDADE 3

A ENTREVISTA

O Pedro é estudante universitário, tem 21 anos, sabe falar fluentemente inglês e alemão e procura um emprego para o próximo ano. Ele não se importa de trabalhar à noite e durante o fim-de-semana. Neste momento o Sr. Pereira, gerente de um bonito hotel perto da praia, está a entrevistá-lo para uma vaga de recepcionista. Agora é o Pedro que também lhe quer pedir algumas informações sobre o lugar. Quer saber se tem direito a quarto dentro do hotel, se vai trabalhar à noite, quais os dias de folga e quanto é o salário. Depois da entrevista do Pedro, o Sr. Pereira vai entrevistar outros candidatos.

Vocabulário

Interpretação

fluentemente = muito bem

não se importa de trabalhar = pode trabalhar

entrevistar = fazer perguntas para selecção de candidatos

vaga = trabalho; emprego

dias de folga = dias sem trabalhar

o candidato = a pessoa que quer ocupar uma vaga de trabalho

Compreensão

I — *Responda às seguintes perguntas:*

1. Quantos anos tem o Pedro?

2. Que línguas é que o Pedro fala?

3. Para quando é que ele quer o emprego?

4. Quando é que o Pedro não se importa de trabalhar?

5. Onde trabalha o sr. Pereira?

6. O que é que ele faz no hotel?

7. Onde é que fica o hotel?

8. Porque é que o Sr. Pereira está a entrevistar o Pedro?

9. É só o Sr. Pereira que faz perguntas?

10. Quais são as informações que o Pedro pede ao Sr. Pereira?

II — *Procure no texto a palavra que diz:*

1. Como é que o Pedro fala inglês e alemão.

2. O que é que o Pedro procura para o próximo ano.

3. Como é o hotel onde o Sr. Pereira trabalha.

4. Quem é que o Sr. Pereira vai entrevistar, depois da entrevista do Pedro.

III — *Complete os espaços deste diálogo com as palavras adequadas:*

1. Sr. Pereira: _____-se de trabalhar à noite?

   Pedro: Não, não me importo e também posso trabalhar ao _____-_____-
   -semana.

2. Sr. Pereira: Quer fazer alguma _____?

   Pedro: Sim, gostava de perguntar quais os dias de _____.

IV — *Verdadeiro ou falso?*

   Um bom recepcionista deve:

	V	F
1. trabalhar à noite.	☐	☐
2. falar línguas estrangeiras.	☐	☐
3. ter muitos dias de folga.	☐	☐
4. ser simpático.	☐	☐

Vocabulário

Prática

I — O Pedro é recepcionista. Ele trabalha na recepção de um hotel.
Onde é que estas pessoas trabalham?

1. médico _____

2. professora _____

3. cozinheiro _____

II — *Procure no texto o oposto de:*

1. descansar _____

2. dia _____

3. feio _____

4. longe _____

5. fora _____

Gramática

Prática

I — *Substitua as palavras sublinhadas por pronomes*

Exemplo: O Pedro dá o jornal ao amigo

O Pedro dá-o ao amigo

1. Antes de enviar a carta para o hotel o Pedro lê a carta várias vezes.

2. O Sr. Pereira pergunta ao Nuno: Você traz o seu curriculum vitae?

3. O Pedro põe o curriculum vitae em cima da mesa.

II — *Complete com preposição (com ou sem artigo)*

Exemplo: O Pedro não se importa de trabalhar à noite

1. O Sr. Pereira está a falar _____ o Pedro.

2. O hotel fica _____ _____ mar.

3. Ele quer pedir mais informações _____ o lugar.

4. O Pedro não se importa _____ trabalhar _____ o fim-de-semana.

III — *Complete os espaços com o verbo na forma correcta do Presente do Indicativo:*

1. O Pedro _____ (estar) num hotel perto do mar.

2. Nesse hotel, o Pedro e o Sr. Pereira _____ (falar) sobre o lugar de recepcionista para o próximo Verão.

3. O Pedro também _____ (pedir) várias informações sobre o emprego e o Sr. Pereira _____ (responder) a todas as perguntas.

UNIDADE 4

INFORMAÇÕES PESSOAIS

Chamo-me Nuno de Freitas. Sou português e sou da cidade de Setúbal, que fica perto da capital.

Agora estou a viver em Lisboa, numa pensão , porque ando a estudar na Universidade. A minha pensão é simples e pequena, mas está sempre limpa e é simpática. Fica no centro da cidade, perto do Rossio e como gosto muito de movimento, divirto-me a ver passar as pessoas e a observá-las quando tenho tempo.

Estudo aqui em Lisboa há dois anos e nas férias de Verão vou sempre visitar os meus pais e os meus amigos.

Vocabulário

Interpretação

pensão = hotel pequeno

simpático = agradável

divirto-me a ver = tenho prazer em ver

observar = ver com atenção

Compreensão

I — *Responda às seguinte perguntas:*

1. Qual é a nacionalidade do Nuno?

2. De que cidade é que ele é?

3. Onde fica essa cidade?

_____

4. Porque é que o Nuno está a viver em Lisboa?

_____

5. Ele está a viver num hotel?

_____

6. Como é a pensão onde o Nuno vive?

_____

7. Como é o centro de Lisboa?

_____

8. O que é que diverte o Nuno?

_____

9. Há quanto tempo é que o Nuno estuda em Lisboa?

_____

10. Quem é que ele vai visitar nas férias?

_____

II — *Procure no texto a palavra que diz:*

1. A cidade onde o Nuno estuda há dois anos.

_____

2. Onde o Nuno mora.

_____

3. Quem é que o Nuno vê passar.

_____

4. Quando é que o Nuno vai visitar os pais e os amigos.

_____

III — *Complete os espaços com as palavras adequadas:*

1. Pedro: Onde é que tu _____ a viver?

   Nuno: Estou a viver numa _____ que é simples, mas simpática.

2. Pedro: Onde é que ela _____?

   Nuno: Fica _____ do Rossio, onde há sempre muito movimento.

3. Pedro: _____ quanto tempo estudas em Lisboa?

   Nuno: Há dois anos, mas passo sempre as _____ com os meus

   pais e amigos.

IV — *Verdadeiro ou falso*

	V	F
1. A pensão do Nuno é grande e simpática.	☐	☐
2. O Nuno gosta muito de movimento.	☐	☐
3. O Nuno está em Setúbal há dois anos.	☐	☐
4. Às vezes o Nuno vai visitar os pais e os amigos nas férias.	☐	☐

Vocabulário

Prática

I — *Complete com as palavras*

vento / neve / flores / praia

1. Na Primavera há _____.
2. No Verão há _____.
3. No Outono há _____.
4. No Inverno há _____.

II — *Procura no texto os antónimos de :*

1. longe _____
2. grande _____
3. suja _____
4. nunca _____
5. antipática _____
6. inimigos _____

Gramática

Práctica .

I — Ponha em ordem

Exemplo: gosta/Nuno/o/viver/de/Lisboa/em
O Nuno gosta de viver em Lisboa

1. Nuno/pensão/a/do/simples/mas/limpa/é

2. pais/ele/nas/visita/férias/os

II — Faça frases com as seguintes palavras:

Exemplo: Nuno / gosta / movimento
O Nuno gosta de movimento

1. Ele / estuda / Lisboa / visita / pais / férias

2. Nuno / gosta / ficar / observar / pessoas

III — Escreva o plural de:

1. português — _____

2. pensão — _____

3. Verão — _____

UNIDADE 5

UM BOM RESTAURANTE

Pedro: Convido-te para almoçares comigo num restaurante. Conheço
dois muito bons. Num come-se peixe que é uma maravilha e
noutro uma carne deliciosa.Qual preferes?

Nuno: Esta noite apetece-me peixe. Estou a pensar numa boa posta
de pescada.

Pedro: Então, vamos. Há lá sempre peixe muito fresco. E que tal,
primeiro um prato de camarão como entrada?

Nuno: Boa ideia. Já estou com água na boca.

Pedro: O restaurante fica sobre o mar e tem uma vista maravilhosa.
Vamos ver se encontramos uma mesa perto da varanda, que dá
para o mar.

Vocabulário

Interpretação

apetece-me = tenho apetite para

posta = pedaço de peixe

como entrada = para começar

estar com água na boca = ter muito apetite

vista = panorama

21

Compreensão

I — *Responda às seguintes perguntas:*

1. Quem é que o Pedro convida para almoçar?

2. Quantos restaurantes muito bons é que o Pedro conhece?

3. Como são o peixe e a carne nesses restaurantes?

4. O que é que o Nuno quer comer?

5. Em que peixe é que o Nuno está a pensar?

6. O que é que o Pedro sugere comer como entrada?

7. Como é que fica o Nuno quando o Pedro fala no prato de camarão?

8. Onde fica o restaurante?

9. Como é a vista do restaurante?

10. Porque é que o Pedro quer uma mesa perto da varanda?

II — *Procure no texto a palavra que diz:*

1. Como é a carne no restaurante que o Pedro conhece.

2. O que é que o Nuno prefere comer.

3. Como é a vista do restaurante.

4. O que é que o Pedro quer encontrar perto da varanda.

III — *Complete os espaços com as palavras adequadas:*

1. Pedro: O que é que te _____ comer hoje?

   Nuno: Apetece-me comer uma _____ de peixe.

2. Pedro: Vamos comer um prato de camarão como _____?

   Nuno: Claro, estou já com _____ na boca.

3. Pedro: Gosto deste restaurante, porque fica _____ o mar.

   Nuno: E também tem uma _____ maravilhosa.

IV — *Verdadeiro ou falso*

	V	F
1. O Nuno convida o Pedro para almoçar.	☐	☐
2. O Nuno vai comer uma posta de peixe.	☐	☐
3. Eles vão comer um prato de peixe como entrada.	☐	☐
4. O camarão é menos fresco do que peixe.	☐	☐

Vocabulário

Prática

I — *Complete com as palavras:* chá / bolo / peixe / mista

1. posta de _____
2. fatia de _____
3. salada _____
4. chávena de _____

II — *Qual é o adjectivo de:*

1. delícia —> _____
2. maravilha —> _____
3. mar —> _____

23

Gramática

Prática

I — *Complete com o pronome correcto:*

1. Pedro — Hoje apetece-_____ carne. E tu, Nuno apetece-_____ carne ou peixe?

2. Nuno — Apetece-_____ peixe mas àquela rapariga apetece-_____ camarão.

II — *Faça frases com as palavras:*

1. boca / Nuno / com / água / o / está / na / o

_____

2. um / querem / camarão / entrada / como / eles / prato / de

_____

III — *Complete com preposições (com ou sem contracção)*

1. O restaurante dá _____ o mar.

2. Eu quero ficar _____ este restaurante.

3. Eu gosto de comer _____ aquele restaurante perto _____ o mar.

UNIDADE 6

FESTA DE ANIVERSÁRIO

Ana:	Olá, Nuno! Estou muito contente com a tua presença na minha festa. Isto é para mim? O que é?
Nuno:	Abre e vê. É uma simples lembrança.
Ana:	Oh! É lindo. Gosto muito do teu presente. Muito obrigada. Já conheces os meus amigos?
Nuno:	Não todos. Só alguns.
Ana:	Então, vem comigo. Vou apresentar-te dois grandes amigos meus que tu não conheces. Paulo e Jorge venham cá — quero apresentar-vos o meu amigo Nuno.
Paulo e Jorge:	Muito prazer.
Ana:	Agora deixo-vos. Estão a chamar-me. Divirtam-se. Olhem, está ali a Cristina sozinha. Chamem-na e apresentem-na também ao Nuno.

Vocabulário

Interpretação

contente = alegre / satisfeita

simples = pequena

lembrança = presente

deixo-vos = vou-me embora

sozinha = sem companhia

25

Compreensão

I — *Responda às seguintes perguntas:*

1. Quem é que faz anos?

2. O que é que o Nuno dá à Ana?

3. Como é o presente do Nuno?

4. Como é que a Ana agradece o presente ao Nuno?

5. O Nuno conhece todos os amigos da Ana?

6. Quem são o Jorge e o Paulo?

7. A quem é que a Ana apresenta o Nuno?

8. O que é que o Paulo e o Jorge dizem ao Nuno?

9. Porque é que a Ana deixa os 3 amigos?

10. A Cristina está sozinha ou acompanhada?

II — *Procure no texto a palavra que diz:*

1. Como fica a Ana quando vê o Nuno na festa.

2. O que é que o Nuno dá à Ana.

3. Como é o presente do Nuno.

4. Como é que a Cristina está.

III — *Complete os espaços dos diálogos com as palavras adequadas:*

1. Ana: Estou muito _____ porque estás aqui na minha festa.

   Nuno: Eu também estou muito contente e trago-te esta simples

   _____.

2. Ana: _____ os meus amigos?

   Nuno: Não, não conheço todos. Só conheço _____.

3. Ana: Paulo e Jorge _____-vos o meu amigo Nuno.

4. Nuno: muito _____.

IV — *Verdadeiro ou falso?*

	V	F
1. O Nuno conhece alguns amigos da Ana.	☐	☐
2. A Ana não abre o presente do Nuno.	☐	☐
3. A Ana fica a conversar com os três amigos e a Cristina.	☐	☐
4. A Cristina está sozinha.	☐	☐

Vocabulário

Prática

I — *Complete os espaços:*

1. Hoje a Ana faz 20 anos. É a festa do seu _____.

2. Hoje é o dia 25 de Dezembro. É a festa do _____.

3. Todos os anos há uma grande festa nas ruas do Brasil. É a festa do

   _____.

II — *Procure no texto a palavra semelhante a:*

1. poucos — _____

2. sinceros — _____

3. aqui — _____

4. neste momento — _____

Gramática

Prática

I — *Complete com os verbos na forma correcta do Imperativo e Presente do Indicativo:*

1. Ana: Por favor _____ (falar) todos mais baixo. Quero apresentar-vos o meu amigo Nuno.
2. Nuno: Ana, por favor _____-me(dar) aquele copo de cerveja.
3. O Paulo e o Jorge não _____ (conhecer) o Nuno.

II — *Complete com pronomes pessoais (complemento directo e indirecto)*

1. O Nuno diz à Ana: trago-_____ este presente.
2. A Ana olha para o Jorge e para o Paulo e chama-_____. Ela apresenta-_____ o Nuno.

UNIDADE 7

A FAMÍLIA

A Françoise é francesa. Foi secretária de direcção num banco em Paris, tem 25 anos, não é casada e nasceu numa pequena cidade francesa. Aí viveu com os pais, os avós e a irmã até aos 19 anos. Conheceu Portugal há 2 anos numa excursão e gostou tanto deste país que decidiu voltar um dia. Durante 2 anos estudou português e agora está a viver e a trabalhar no Porto. Ela tem saudades da família, mas hoje está muito feliz porque recebeu uma carta com óptimas notícias da irmã e do cunhado.

Vocabulário

Interpretação

casada = com marido

avós = os pais dos pais

tem saudades da família = está triste porque está longe da família

feliz = contente

cunhado = o marido da irmã

óptimas = muito boas

Compreensão

I — *Responda às seguintes perguntas*

1. Onde nasceu a Françoise?

2. Com quem é que ela viveu até aos 19 anos?

3. Onde é que ela trabalhou em Paris?

4. Como é que a Françoise conheceu Portugal?

5. Há quanto tempo é que ela conheceu Portugal?

6. Porque é que a Françoise decidiu voltar a Portugal?

7. O que é que ela estudou durante 2 anos?

8. Onde é que a Françoise está a trabalhar agora?

9. De quem é que ela tem saudades?

10. Porque é que ela está feliz?

II — *Procure no texto a palavra que diz:*

1. A profissão da Françoise no banco em Paris.

2. O país que ela conheceu há dois anos.

3. O que é que ela estudou durante 2 anos.

4. De quem é que ela tem saudades.

III — *Complete os espaços com as palavras adequadas:*

1. A Françoise é francesa. Ela _____ numa pequena cidade francesa.
2. Ela recebeu uma _____ da irmã e do _____.
3. A Françoise está triste porque tem _____ da família.

IV — *Verdadeiro ou falso:*

	V	F
1. A Françoise nasceu em Paris.	☐	☐
2. Ela viveu com os pais, os avós e o cunhado até aos 19 anos.	☐	☐
3. A Françoise está a trabalhar no Porto.	☐	☐
4. Ela conheceu o Porto numa excursão há 4 anos.	☐	☐

Vocabulário

Prática

I — *Complete com as palavras:* avó / sobrinha / pai / irmão

1. O meu avô é o marido da minha _____.
2. A minha mãe é casada com o meu _____.
3. A minha cunhada é casada com o meu _____.
4. A filha da minha cunhada é a minha _____.

II — *Qual é o feminino de:*

1. genro —> _____
2. sobrinho —> _____
3. primo —> _____
4. padrinho —> _____

Gramática

Prática

I — **Complete com os verbos na forma correcta do Pretério Perfeito Simples:**

1. A Françoise _____ (ir) para Portugal, porque _____ (conhecer) aquele país há 2 anos.

2. Ela _____ (aprender) português durante dois anos.

3. A irmã e o cunhado _____ (escrever) uma carta à Françoise.

4. Quando ela _____ (chegar) a Portugal, _____ (ter) muitas saudades da família.

II — **Comece as frases seguintes com "ontem".**

Exemplo: A Françoise entra no trabalho às 9 horas

Ontem a Françoise entrou no trabalho às 9 horas

1. Ela recebe uma carta da irmã e fica muito feliz.

_____

2. A Françoise conhece em Lisboa, um rapaz muito simpático, que a convida
. , para um recital de piano.

_____

_____

UNIDADE 8

UMA VIAGEM DE AVIÃO

O Nuno teve que ir ao Porto na semana passada e foi de avião. Um táxi levou-o ao aeroporto. A corrida custou-lhe 3 € e ainda deu uma pequena gorjeta ao taxista. Quando chegou ao aeroporto apresentou a passagem a um funcionário da TAP e entregou-lhe a sua mala. Em seguida esperou alguns minutos pela chamada do seu vôo. Já dentro do avião sentou-se e apertou o cinto de segurança. O avião descolou e pouco depois aterrou no Porto à hora prevista.

Vocabulário

Interpretação

a corrida = a viagem

a gorjeta = gratificação por um serviço

o taxista = motorista de táxi

entregou = deu

descolou = partiu / levantou vôo

aterrou = chegou a

Compreensão

I — *Responda às seguintes perguntas:*

1. Quando é que o Nuno foi ao Porto?

2. Como é que ele foi?

3. Como é que ele foi para o aeroporto?

4. Quanto custou a corrida? O que é que ele deu ao taxista como gratificação?

5. Qual foi a primeira coisa que o Nuno fez quando chegou ao aeroporto?

6. O Nuno levou a mala dele para o avião?

7. Quanto tempo é que ele esperou pela chamada do vôo?

8. O que é que ele fez já dentro do avião?

9. A viagem foi muito longa?

10. A que horas aterrou o avião no Porto?

I — *Procure no texto a palavra que diz:*

1. Quem é que teve que ir ao Porto.

2. O que é que ele deu ao taxista além do preço da corrida.

3. O que é que o Nuno apresentou ao funcionário da TAP.

4. Que tipo de cinto é que o Nuno apertou.

III — *Complete os espaços com as palavras adequadas:*

1. Quando a corrida terminou o Nuno pagou a corrida e deu uma
   _____ ao taxista.

2. Ele gosta de chegar cedo ao aeroporto e por isso teve que esperar pela
   _____ do seu vôo.

3. A viagem foi normal e o avião _____ à hora _____.

IV — *Verdadeiro ou falso:*

	V	F
1. O Nuno teve que ir Porto no mês passado.	☐	☐
2. Ele esperou pela chamada do seu vôo.	☐	☐
3. A viagem foi curta.	☐	☐
4. O avião chegou um pouco atrasado.	☐	☐

Vocabulário

Prática

I — *Complete as palavras:*

1. Dentro da cidade gosto de usar como meio de transporte o m_____,
   porque é o mais rápido.

2. Quando viajo de c_____ gosto de chegar à estação de caminho
   de ferro mais cedo do que a hora prevista.

3. Quando viajo gosto de ouvir o barulho do mar. Por isso, quando faço
   excursões viajo sempre de n_____.

II — *Complete com as palavras:* avariado / atrasado / adiantado

Agora são 9 horas em ponto

1. No relógio do Nuno são 9:10. O relógio dele está _____.

2. No meu relógio são 8:45. O meu relógio está _____.

3. O meu relógio não funciona. O meu relógio está _____.

Gramática

Prática

I — *Complete com os verbos na forma correcta do Pretérito Perfeito Simples:*

1. O Nuno _____ (pagar) ao taxista a corrida e _____-lhe(dar) também uma gorjeta.

2. Os amigos do Nuno não _____ (ir) ao aeroporto, porque não _____ (poder).

3. Quando o Nuno _____ (ouvir) a chamada do seu vôo, _____- se (dirigir) para o avião.

4. Na semana passada a Françoise também _____ (fazer) uma viagem de avião, mas _____ (ser) do Porto para Lisboa.

II — *Complete com:* isso / tudo / nenhuma / toda

1. O Nuno não recebeu _____ informação sobre o horário do vôo.

2. Quando olhou para o embrulho o Pedro perguntou-lhe: o que é _____ aí?

3. Ele lê _____ sobre aviões , porque se interessa muito por esse meio de transporte.

4. No ano passado o Nuno viajou por _____ a Europa durante um mês.

UNIDADE 9

AS HORAS

Ontem o Pedro levantou-se à hora habitual, por volta das sete e meia (7:30). Levantou-se cedo porque tem de apanhar o autocarro às oito e um quarto (8:15) para chegar ao Instituto de Línguas, onde está a estudar francês, às nove horas menos dez minutos (8:50). Ao meio dia (12:00) recebeu um telefonema do Sr. Pereira, gerente daquele bonito hotel perto do mar. Ele e mais três candidatos vão ter uma última entrevista. Ele teve que sair à pressa do Instituto, almoçar e apanhar o metro. Chegou ao hotel a tempo para a entrevista marcada para as 2 horas em ponto.

Vocabulário

Prática

hora habitual = hora normal / hora do costume

por volta de = mais ou menos

telefonema = chamada telefónica

à pressa = rapidamente

a tempo = na hora certa

marcada = combinada

2 horas em ponto = às 2 horas certas

Compreensão

I — *Responda às seguintes perguntas:*

1. A que horas é que o Pedro se levanta habitualmente?

2. Porquê?

3. O que é que o Pedro faz no Instituto de Línguas?

4. Quem é que lhe telefonou ao meio-dia?

5. O que é que faz o Sr. Pereira?

6. Por que razão lhe telefonou o Sr. Pereira?

7. Quantos candidatos é que o Sr. Pereira seleccionou para a última entrevista?

8. O que é que o Pedro fez depois de sair à pressa do Instituto?

9. Ele chegou a tempo ao hotel?

10. A que horas foi a entrevista?

II — *Procure no texto a palavra que diz:*

1. O meio de transporte que o Pedro apanha de manhã às 8 e um quarto.

2. O que é que o Pedro recebeu ao meio dia.

3. Como é que o Pedro saiu do Instituto de Línguas.

4. O que aconteceu às 2 horas em ponto.

III — *Complete os espaços com as palavras adequadas:*

1. Ele levanta-se sempre às oito horas que é a sua _____ habitual.

2. Entrevistaram cinco _____, mas só seleccionaram _____.

3. Eles não são pontuais. Nunca chegam a _____.

IV — *Verdadeiro ou falso*

	V	F
1. Ontem o Pedro não se levantou à hora habitual.	☐	☐
2. O Pedro está a estudar uma língua estrangeira no Instituto de Línguas.	☐	☐
3. Ele saiu normalmente do Instituto.	☐	☐
4. Ele apanhou o autocarro para ir para o hotel.	☐	☐

Vocabulário

Prática

I — *Que horas são?*

1. 10:10
2. 4:30
3. 8:45
4. 2:15

II — *Complete com as palavras:*

em ponto / a tempo / à hora habitual / hora marcada

1. O Pedro é muito pontual, por isso chegou _____ _____ à entrevista.

2. Não chegues atrasado ou adiantado. Chega às 2 horas _____ _____.

3. Todos os dias ele apanha o autocarro _____ _____ _____.

4. A entrevista foi com _____ _____.

39

Gramática

Prática

I — *Complete com os verbos na forma correcta do Presente do Indicativo, Pretérito Perfeito Simples ou Imperativo:*

O Sr. Pereira disse ao Pedro: "Por favor _____ (chegar) à hora marcada."

Como o Pedro _____ (ser) muito pontual, _____ (sair) imediatamente do Instituto, _____ (almoçar) à pressa e _____ (apanhar) o metro. Quando _____ (chegar) ao hotel _____ (ficar) muito contente porque _____ (conseguir) chegar a tempo.

II — *Ponha no plural as seguintes frases:*

1. Ele levantou-se à hora habitual por volta das sete e meia da manhã e foi apanhar o autocarro à mesma hora.

   _____

   _____

2. Estou a estudar francês e quero aperfeiçoar também o alemão e o inglês.

   _____

   _____

UNIDADE 10

AO TELEFONE

Nuno:	Está lá? Posso falar com a Françoise?
Voz:	Para que número deseja falar?
Nuno:	Não é do 78962?
Voz:	Não, não é.
Nuno:	Desculpe, enganei-me no número.
Nuno:	Donde fala? É do 78962?
Ana:	(colega da Françoise): É, sim. Com quem quer falar?
Nuno:	Posso falar com a Françoise? Sou o Nuno.
Ana:	Ela ainda está a dormir....
Nuno:	Então não a acorde, por favor. Ligo mais tarde.
Ana:	Espere um momento. Ela acabou de acordar.

———————

Ana:	Françoise! Telefone.
Françoise:	Quem é?
Ana:	O teu amigo de Lisboa.
Françoise:	Vou já atender, só um minuto.

———————

Françoise:	Está? É o Nuno?
Nuno:	Sim, sou eu. Estou aqui no Porto. Acabei de chegar e regresso amanhã a Lisboa. Podes jantar comigo esta noite?
Françoise:	Claro, vem buscar-me por volta das oito e meia.

Vocabulário

Interpretação

desejar = querer

enganei-me = errei / fiz um erro

liga = telefona

atender = responder a um telefonema

Compreensão

I — *Responda às seguintes perguntas:*

1. Quantas vezes é que o Nuno teve que telefonar para falar com a Françoise?

2. Quando o Nuno telefonou pela primeira vez, porque é que não falou com a Françoise?

3. Quando ele telefonou pela segunda vez quem atendeu o telefone?

4. Quem é a Ana?

5. O que é que a Ana disse ao Nuno, quando ele quis falar com a Françoise?

6. O Nuno ligou mais tarde?

7. A Françoise demorou muito tempo a atender o telefonema do Nuno?

8. De onde é que o Nuno está a telefonar?

9. Quando é que ele regressa a Lisboa?

10. Que convite é que ele fez à Françoise?

II — *Procure no texto a palavra que diz:*

1. Quanto tempo a Françoise vai demorar a atender o telefonema do Nuno.

2. Donde está o Nuno a telefonar.

3. Quando é que ele regressa a Lisboa.

4. Que a Françoise aceitou o convite do Nuno.

III — *Complete os espaços com as palavras adequadas:*

1. Nuno: Donde _____? É do 78962?

   Voz: Não, não é.

   Nuno: Desculpe, _____ -me no número.

2. Nuno: _____ lá? Posso falar com a Françoise?

   Ana: Sim. Ela _____ de acordar. Só um momento.

3. Nuno: Só estou um dia no Porto. Amanhã _____ a Lisboa. Queres jantar esta _____ comigo?

IV — *Verdadeiro ou falso*

	V	F
1. A Françoise atendeu o telefonema do Nuno.	☐	☐
2. O Nuno pediu à Ana para acordar a Françoise.	☐	☐
3. O Nuno vai estar no Porto um dia.	☐	☐
4. O Nuno vai buscar a Françoise às 8 horas.	☐	☐

Vocabulário

Prática

I — *Complete os espaços com as seguintes palavras:*

sinal / ligar / problema / impedido / avariado

Nuno: Estou com dificuldade em _____ para o número 78962. Já tentei várias vezes e dá sempre _____ de _____.

Telefonista: Um momento. Vou ver o que se passa. Há realmente um _____ com esse telefone. Está _____.

Gramática

Prática

I — *Preencha os espaços com as preposições (com ou sem artigo)*:
com / de / a

Ana: _____ quem telefonaste hoje?

Françoise: _____ o Nuno. Não estou _____ ele há muito tempo.

Ele chegou _____ Porto hoje e regressa _____ Lisboa

amanhã _____ avião.

II — *Preencha os espaços com as seguintes expressões perifrásticas (com os verbos nas formas correctas):* Estar a / acabar de / ir regressar

1. Neste momento a Ana _____ _____ atender o telefone.

2. Finalmente a Françoise _____ _____ chegar do aeroporto.

3. O Nuno _____ _____ a Lisboa hoje.

4. Vou já chamá-los. Eles _____ _____ entrar em casa.

UNIDADE 11

A SEMANA DA PECHINCHA

Quando lemos o jornal encontramos vários tipos de anúncios,uns melhores, outros piores. Mas é sempre bom ler aqueles que apresentam promoções especiais; no entanto,às vezes é preciso ter cuidado.

Um dia, o meu amigo Luís leu este anúncio: *"Esta semana oferecemos os melhores preços do mercado para a compra do seu carro. Telefone- -nos ainda hoje. É a semana da pechincha."* Este ficou bastante entusiasmado e dirigiu-se à morada indicada. Encontrou lá carros em segunda mão, mais velhos do que o dele e mais caros do que os do mercado.

Depois desta experiência o Luís entusiasma-se menos com este tipo de anúncios e já não é tão ingénuo como muitas pessoas ainda são.

Vocabulário

Interpretação

ter cuidado = estar com atenção

pechincha = qualquer artigo que está com o preço muito baixo

carro em segunda mão = carro usado

ingénuo = aquele que acredita em tudo

Compreensão

I — *Responda às seguintes questões:*

1. Onde é que normalmente lemos vários tipos de anúncios?

2. Quem é que leu um anúncio sobre a venda de carros com os melhores preços do mercado?

3. O Luís acreditou nesse anúncio?

4. Como é que ele ficou depois de ler o anúncio?

5. O que é que ele fez depois de o ler?

6. Que tipo de carros é que o Luís encontrou na morada indicada?

7. O carro dele é mais novo ou mais velho do que os carros que ele viu?

8. E quanto ao preço dos carros, são mais caros ou mais baratos do que os do mercado ?

9. Porque é que o Luís já não se entusiasma tanto com os anúncios?

10. O que é que significa a "Semana da Pechincha"?.

II — *Procure no texto as palavras que dizem:*

1. Onde é que encontramos vários tipos de anúncio.

2. Como é que o Luís ficou depois de ler o anúncio.

3. Que os carros não são novos.

4. Como é que o Pedro se entusiasma com os anúncios depois desta experiência.

III — *Complete os espaços com as palavras adequadas:*

1. O Luís ficou entusiasmado com a semana da ———————————.

2. Na morada indicada só encontrou carros em ——————————— mão.

3. Às vezes há anúncios com ——————————— especiais.

4. Devemos ter ——————————— com certos anúncios.

IV — *Verdadeiro ou falso*

	V	F
1. Devemos acreditar em todos os anúncios.	☐	☐
2. O Luís telefonou para se informar sobre os carros.	☐	☐
3. Na morada indicada o Luís encontrou carros novos e também carros em segunda mão.	☐	☐
4. O Luís agora já não é ingénuo quando lê certos anúncios.	☐	☐

Vocabulário

Prática

I — *Procure no texto o oposto de:*

1. mau

2. venda

3. desmotivado

4. baratos

5. esperto/crédulo

II — *Preencha o quadro:*

Verbo	Substantivo
	a oferta
ler	
	a apresentação
encontrar	
comprar	

Gramática

Prática

I — *Complete com os graus dos adjectivos correctos:*

O carro do Nuno é em segunda mão. O carro do Luís é novo.

1. O carro do Luís é _____ (caro) do que o do Nuno.

O Nuno tem 1,80m de altura. O Luís tem 1,78m.

2. O Luís é _____ (alto) do que o Nuno.

O apartamento do Luís é grande. O apartamento do Nuno é pequeno.

3. O apartamento do Luís é _____ (grande) do que o do Nuno.

II — *Complete com os verbos na forma correcta do Presente do Indicativo do Pretérito Perfeito Simples e do Imperativo.*

Ontem o Luís _____ (ler) um anúncio e _____ (ficar) muito entusiasmado. Ele _____ (ler):

"_____ (comprar) o seu carro durante esta semana. _____-nos (procurar) porque esta _____ (ser) a semana da pechincha."

UNIDADE 12

NA LIVRARIA

A Françoise quer comprar um livro para as aulas de português que vão começar no próximo mês. Ela entrou na Livraria Atlântica, dirigiu-se a um empregado e mostrou-lhe o nome do livro.

Françoise: Por favor, têm aqui este livro?

Empregado: Temos sim.

Françoise: Queria também ver dicionários de Português. Qual é o que me aconselha?

Empregado: Olhe, este aqui é o que vendemos mais.

Françoise: E quanto custa?

Empregado: É uma edição moderna. Custa 20 €. Mas tem ali outro mais barato que também é muito procurado.

Françoise: Bem, então levo esse último. Têm também uma História da Literatura Portuguesa?

Empregado: Sim, temos. Aqui está.

Françoise: Bem, então veja por favor, quanto é tudo: o livro de Português, este dicionário aqui e a História da Literatura Portuguesa.

Empregado: Ao todo são 40 €. Aqui tem o talão e muito obrigado.

Françoise: De nada. Bom dia.

A Françoise encaminhou-se para a caixa, pagou e saiu.

Vocabulário

Interpretação

1. aulas = classes
2. começar = iniciar
3. aconselhar = dar uma opinião
4. procurado = pedido / vendido
5. ao todo = no total / na totalidade

Compreensão

I — Responda às seguintes questões:

1. Porque é que a Françoise quer comprar um livro?

_____

2. Quando é que as aulas vão começar?

_____

3. O que é que ela mostra ao empregado da livraría?

_____

4. Que conselho é que a Françoise pediu ao empregado?

_____

5. Quantos dicionários é que o empregado mostrou à Françoise?

_____

6. Qual dos dicionários é que ela preferiu?

_____

7. Quantos livros é que a Françoise comprou?

_____

8. Quanto é que ela pagou por tudo?

_____

9. O que é que ela recebeu do empregado?

_____

10. Onde é que a Françoise pagou a conta?

_____

II — *Procure no texto a palavra que diz:*

1. Onde a Françoise entrou.

_____

2. A quem é que ela se digiriu na livraria.

_____

3. Que o segundo dicionário é muito pedido pelos clientes.

_____

4. Para onde é que a Françoise se dirigiu para pagar a conta.

_____

III — *Complete os espaços com as palavras adequadas:*

1. Françoise: — Por _____, _____ este livro?

   Empregado: — Temos, sim.

   Françoise: — _____ custa?

2. Françoise: — Qual dos dois é mais _____?

   Empregado: — Este é mais barato, mas este também não é _____.

3. Françoise: — Veja por favor quanto _____ tudo.

   Empregado: — Ao _____, são 40 €.

IV — *Verdadeiro ou falso*

	V	F
1. A Françoise comprou dois dicionários.	☐	☐
2. O preço do dicionário mais barato é 20 €.	☐	☐
3. A Françoise recebeu um talão do empregado.	☐	☐
4. O empregado que atendeu a Françoise foi simpático.	☐	☐

Vocabulário

Prática

I — *O que é que está errado em cada série?*

1. conta — caixa — mês — talão

2. custar — vender — comprar — oferecer

3. dicionário — empregado — livro — História da Literatura

II — *Responda usando o oposto:*

Exemplo: Este livro é bom?

Não, esse livro é mau.

1. Aquele dicionário é barato?

Não, —————————————————————

2. Esta edição é moderna?

Não, —————————————————————

3. Esse livro é melhor do que aquele?

Não, —————————————————————

Gramática

Prática

I — *Faça perguntas*

Exemplo: A Françoise entrou na livraria.

Onde é que a Françoise entrou?

1. O empregado aconselhou o dicionário à Françoise.

—————————————————————————————

2. Os livros custaram 40 €.

—————————————————————————————

3. A Françoise pagou na caixa.

—————————————————————————————

4. A Françoise comprou três livros.

—————————————————————————————

II — *Complete com demonstrativos:*

Exemplo: (aqui) ————————— livro é um dicionário de Português.

Este livro é um dicionário de Português.

1. (ali) ————————— edição é moderna. Por isso é mais cara.

2. (aqui) ————————— História da Literatura Portuguesa é a melhor.

3. (aí) Qual é o autor d————————— livro?

4. (ali) N————————— livraria há sempre óptimos livros.

UNIDADE 13

NA PASTELARIA

A Françoise e a Ana combinaram encontrar-se na pastelaria às 5 horas. Elas precisam de conversar e há muito tempo que não estão juntas. A Ana chegou primeiro e por sorte conseguiu uma mesa vaga cá fora na esplanada. Àquela hora todos os lugares estão ocupados e só há alguns ao balcão. A Ana chamou o empregado.

Ana: Por favor, traga-me uma bica e um copo de água.

Quando a Françoise chegou viu logo a amiga e sentou-se à mesa.

Françoise: Desculpa o atraso, mas a culpa não foi minha. Há imenso movimento hoje. Bem, estou cá com uma fome! Vou pedir um galão e uma tosta mista. E tu?

Ana: Talvez um chá e uma torrada.

As amigas estiveram a conversar até às seis horas. Depois pediram a conta ao empregado.

Ana: Quanto é tudo?

Françoise: Tudo, não. Cada uma paga a sua parte.

Ana: Nada disso. Hoje sou eu que ofereço.

Empregado: São 3,50 €.

A Ana deu uma nota de 5 €, recebeu 1,50 € de troco e deixou 0,50 € de gorjeta ao empregado.

Vocabulário

Interpretação

conversar = falar

conseguir = arranjar

bica = uma chávena de café

culpa = erro

movimento = trânsito

galão = um copo de leite com café

Compreensão

I — *Responda às seguintes perguntas:*

1. A que horas as duas amigas combinaram o encontro?

2. Onde é que combinaram esse encontro?

3. Quem é que chegou primeiro?

4. Foi fácil para a Ana encontrar uma mesa vaga? Porquê?

5. O que é que a Ana pediu primeiro ao empregado?

6. A Françoise chegou a horas ao encontro combinado?

7. O que é que a Françoise pediu logo que se sentou?

8. Até que horas é que as duas amigas estiveram a conversar?

9. Cada uma pagou a sua parte da conta?

10. Quanto é que a Ana recebeu de troco e quanto é que deu de gorjeta ao empregado?

II — *Procure no texto as palavras que dizem:*

1. Há quanto tempo as duas amigas não estão juntas.

2. Que a Françoise viu imediatamente a amiga na pastelaria.

3. A razão do atraso da Françoise.

4. O que é que elas pediram ao empregado às 6 horas.

III — *Complete os espaços com as palavras adequadas:*

1. Não há lugares _____ na pastelaria; apenas alguns

ao _____.

_____ sorte a Ana conseguiu uma mesa na esplanada.

2. Françoise — Estou _____ por causa do movimento. Desculpa.

O que é que _____ pedir?

Ana — Vou pedir um chá e uma _____ .

3. Elas pediram a _____ ao empregado e quem pagou foi a Ana.

Ela deu uma _____ de 5 €.

IV — *Verdadeiro ou falso*

	V	F
1. As duas amigas não conversam há muito tempo.	☐	☐
2. A Ana conseguiu um lugar ao balcão.	☐	☐
3. A Ana pediu um galão e uma torrada.	☐	☐
4. A conta foi 5 €.	☐	☐

Vocabulário

Prática

I — *Complete com as palavras:* bicas / galão / cerveja / sumo de laranja

1. Um copo de leite com café é um _____ .
2. A Ana gosta de beber uma _____ bem gelada.
3. A Françoise gosta muito de laranja; por isso pediu um _____ _____

    _____ .

4. Os portugueses gostam muito de café. Durante o dia tomam muitas

    _____ .

II — *Procure no texto os sinónimos:*

   Exemplo: falar — conversar

1. entrou
2. por acaso
3. uma mesa livre
4. desculpa chegar tarde
5. estou com vontade de comer

Gramática

Prática

I — *Complete com:* O que? Quem? Onde? Qual? Com quem?

1. _____ pediram ao empregado?
2. _____ é o nome da amiga da Françoise?
3. _____ é que a Françoise se sentou à mesa?
4. _____ é que chegou atrasada?
5. _____ é que a Ana encontrou uma mesa vaga?

II — *Complete com tudo ou todo :*

1. Elas comeram _____ .
2. A Françoise trabalha no aeroporto _____ o dia.
3. Elas gostam de conversar acerca de _____ .
4. A Ana bebeu o chá _____ .

UNIDADE 14

PEDINDO INFORMAÇÕES

A Françoise vive no Porto e ainda não conhece muito bem a cidade de Lisboa. Ela quer dar um passeio pela capital e precisa de pedir informações.

Françoise: Senhor guarda, por favor, qual é o número do autocarro que tenho de apanhar para a estação do Cais do Sodré?

Guarda: Apanhe o autocarro nº 1, naquela paragem ali em frente, que ele a levará directamente até lá.

Françoise: Muito obrigada.

Guarda: Não tem de quê.

Françoise: Por favor, o senhor pode indicar-me onde ficam os Correios?

Senhor: Olhe, siga por esta rua até ao fim, depois vire à esquerda e encontrará logo os Correios.

Françoise: Obrigada.

Senhor: De nada.

Françoise: Desculpe, pode dizer-me se esta rua vai ter ao Castelo de São Jorge?

Senhor: Vai sim. Continue a subir e depois daquela esquina já vê o Castelo mesmo à sua frente.

Françoise: Sabe a que horas fecha?

Senhor: Não sei, mas ao chegar lá algum guarda lhe dará essa informação.

Vocabulário

Interpretação

dar um passeio = dar uma volta / caminhar

paragem = lugar onde os autocarros param para os passageiros entrarem e
saírem

vire à esquerda = volte à esquerda

logo = imediatamente

Compreensão

I — *Responda às seguintes perguntas:*

1. Por onde é que a Françoise quer dar um passeio?

2. Por que motivo é que ela quer dar esse passeio?

3. A quem é que ela pede a primeira informação?

4. Para onde é que a Françoise quer ir de autocarro?

5. A paragem do autocarro nº1 fica longe do lugar onde está a Françoise?

6. Para chegar aos Correios a Françoise deve virar à direita ou à esquerda?

7. A Françoise está na rua certa ou errada para ir ao Castelo de São Jorge?

8. Para encontrar o Castelo de São Jorge ela tem de continuar a subir ou a
descer?

9. Ela sabe a que horas fecha o Castelo?

10. Quem é que lhe poderá dar essa informação?

II — *Procure no texto as palavras que dizem:*

1. O que é que a Françoise precisa de pedir para dar um passeio pela capital.

   _____

2. Onde é que ela apanha o autocarro nº1.

   _____

3. Como é que o autocarro nº1 a levará até ao Cais do Sodré.

   _____

4. O que é que ela vai ver em frente dela depois de uma esquina.

   _____

III — *Complete os espaços com as palavras adequadas:*

1. Françoise: Por _____, _____ é o autocarro que tenho de _____ para ir para os Correios?

2. Guarda: Apanhe o _____ que acabou de parar ali naquela _____.

3. Françoise: Desculpe, _____ dizer-me se devo virar à esquerda ou à _____ para encontrar o mercado?

4. Guarda: Vire à esquerda e verá o mercado à _____ frente.

II — *Verdadeiro ou falso?*

	V	F
1. A Françoise vive em Lisboa e quer dar um passeio pela capital.	☐	☐
2. Para ir aos Correios a Françoise tem de virar à esquerda.	☐	☐
3. Para chegar ao Castelo de São Jorge a Françoise tem de continuar a subir.	☐	☐
4. A Françoise quer saber quando fecha o Castelo porque já é muito tarde.	☐	☐

Vocabulário

Prática

I — Complete com as palavras:

cruzamento / atravessou / virou / rua

Para chegar ao apartamento do Nuno, a Françoise desceu pela _____
do Ouro até ao _____ com a Rua da Prata, depois
_____ à esquerda, e _____ para o outro lado da rua.

II — Qual é o oposto de:

1. pedir informações _____

2. ir _____

3. em frente de _____

4. directamente _____

5. fim _____

6. subir _____

Gramática

Prática

I — Responda como o exemplo:

Exemplo: Dão muitas informações?

Eu dou, mas ele não dá

1. Sabem onde fica o Porto? _____

2. Pedem muitas informações na rua? _____

3. Vêm muitas vezes a Lisboa? _____

II — Complete os verbos na forma correcta do Futuro do Indicativo:

1. O guarda _____ (responder) a todas as perguntas da Françoise.

2. Eles _____ (entregar) ao guarda um papel com o nome do hotel.

3. Nós só _____ (ir) ao Porto na próxima semana.

UNIDADE 15

IDA AO MÉDICO

O Pedro caiu há dias e magoou-se num braço. Resolveu ir ao médico e marcou uma consulta.

Pedro: Bom dia, senhor doutor.

Médico: Bom dia. Então, o que é que o traz por cá?

Pedro: Não estou nada bem, sr. doutor. Caí há dois dias e magoei-me bastante neste braço. De ontem para hoje as dores aumentaram e sinto um pouco de dificuldade em mexer o braço. Por outro lado, sinto falta de apetite e fortes dores de cabeça.

Médico: Bom, vou fazer-lhe um exame. Primeiro, respire fundo. Agora o pulso. Está um pouco irregular. Vê-se que está cansado. Trabalha muito?

Pedro: Sim, bastante.

Médico: Bem, a sua tensão arterial está normal. Quanto ao braço, não tem nada de grave. Vou receitar-lhe uma pomada e uns comprimidos para as dores. Além disso tem que começar a descansar mais, a dormir pelo menos 8 horas e a comer a horas certas.

Vocabulário

Interpretação

resolver = decidir
aumentaram = ficaram mais fortes
mexer = fazer movimentos
sinto falta de apetite = não tenho fome
cansado = fatigado
horas certas = horas regulares

Compreensão

I — *Responda às seguintes perguntas:*

1. Porque é que o Pedro se magoou no braço?

2. Quando é que ele caiu?

3. O que é que ele fez antes de ir ao médico?

4. O Pedro tem dificuldade em mexer o braço?

5. Além do problema do braço, o Pedro tem outros problemas. Quais?

6. O que é que o médico fez ao Pedro?

7. Como é que está o pulso dele?

8. E quanto à sua tensão arterial?

9. O que é que o médico receitou ao Pedro para o braço?

10. E que outros conselhos é que o médico deu ao Pedro?

II — *Procure no texto as palavras que dizem:*

1. Onde é que o Pedro se magoou.

2. O que é que aumentou de um dia para o outro.

3. Como é que o Pedro respirou durante o exame do médico.

4. O que é que o Pedro deve fazer a horas certas.

III — *Complete os espaços com as palavras adequadas:*

1. O Pedro marcou uma _____ e foi ao médico por causa de fortes _____ no braço.

2. Pedro: Quando caí, _____-me e não posso _____ o braço muito bem. Também sinto _____ de apetite.

3. Médico: Vou _____-lhe uma pomada para pôr no braço e uns _____ para tomar.

IV — *Verdadeiro ou falso?*

	V	F
1. O Pedro só sente dores no braço.	☐	☐
2. O Pedro tem dificuldade em mexer o braço.	☐	☐
3. O problema no braço é grave e o médico receitou-lhe muitos medicamentos.	☐	☐
4. O Pedro descansa pouco e trabalha muito.	☐	☐

Vocabulário

Prática

I — *Junte a palavra da coluna da esquerda com outra da coluna da direita*

Exemplo: Medir a tensão arterial (1+f)

1 — medir	a — uma receita
2 — passar	b — dor de cabeça
3 — marcar	c — uma consulta
4 — sentir	d — uma receita
5 — aviar	e — o pulso
6 — tomar	f — a tensão arterial

II — Complete com as expressões adequadas:

Boa ideia / Que tal / Está lá / Muito prazer

1. Françoise: Apresento-lhe o meu amigo Nuno.

   Luís: _____.

2. Luís: _____? É o Pedro? Ainda bem que te encontro. Hoje já te telefonei duas vezes.

3. Nuno: _____ irmos agora ao cinema?

   Françoise: _____. Apetece-me ver um filme.

Gramática

Prática

I — Responda como o exemplo:

Cairam ontem? Eu caí, mas ele não caiu.

1. Vieram de carro para o consultório? _____
2. Trouxeram a receita do médico? _____
3. Estiveram muito tempo com o médico? _____
4. Foram hoje ao médico? _____

II — Faça perguntas para saber o que está assinalado.

Exemplo: O Pedro ficou 2 horas no consultório.

Onde é que o Pedro ficou 2 horas?

1. O Pedro telefonou à secretária do médico para marcar uma consulta.

   _____

2. A tensão arterial do Pedro está normal.

   _____

3. O médico receitou-lhe uma pomada para o braço.

   _____

UNIDADE 16

IDA A UM ARMAZÉM

Durante a época do Natal a Françoise e a Ana decidiram ir fazer compras num dos grandes armazéns no Porto.

Primeiro deram uma volta pelas principais secções de vestuário e calçado.

Foram de andar em andar e ficaram encantadas com os bonitos artigos expostos. A Françoise gostou muito de um par de sapatos azuis que viu numa montra e resolveu experimentá-los.

Françoise: Bom dia. Queria ver aquele par de sapatos azuis. Ó Ana, são lindos e modernos, não são?

Empregado: Que número calça?

Françoise: 37 e às vezes 38. Depende da forma dos sapatos.

Empregado: Aqui estão. Trouxe também estes outros modelos.

Françoise: Olhe, gosto mais destes aqui. Vou experimentá-los para ver como me ficam. O que achas?

Ana: Acho que te ficam muito bem.

Françoise: Quanto custam?

Empregado: 50 €.

Françoise: São um pouco caros. Mas são tão bonitos! Vou levá-los. Também preciso de uma carteira e de um par de luvas.

Empregado: Esses artigos encontram-se noutra secção. Ali ao fundo.

Vocabulário

Interpretação

vestuário = roupa

encantadas = maravilhadas

artigos expostos = artigos em exposição

experimentar = calçar, provar, tentar

Compreensão

I — *Responda às seguintes perguntas:*

1. Quando é que a Françoise e a Ana decidiram ir fazer compras?
   _____

2. Onde foram fazer as compras?
   _____

3. Porque é que elas ficaram encantadas?
   _____

4. Porque motivo é que a Françoise decidiu comprar um par de sapatos azuis que viu numa montra?
   _____

5. Qual foi a primeira pergunta que o empregado fez à Françoise?
   _____

6. Ela comprou os sapatos azuis ou outros?
   _____

7. Porque é que ela quis experimentar os sapatos?
   _____

8. Como é que ela achou o preço dos sapatos?
   _____

9. Que outros artigos é que ela quis comprar?
   _____

10. Elas tiveram de mudar de secção para ver luvas e carteiras?
    _____

II — *Procure no texto as palavras que dizem:*

1. A época do ano em que a Françoise e a Ana decidiram fazer compras.

_____

2. Onde é que a Françoise viu o par de sapatos azuis.

_____

3. Como é que a Françoise achou o preço do par de sapatos.

_____

4. Como ficaram os sapatos à Françoise.

_____

III — *Complete os espaços com as palavras adequadas:*

1. A Françoise e a Ana deram uma _____ por um armazém
e a Françoise viu um lindo par de sapatos expostos numa _____.

2. A Françoise resolveu experimentar um par de _____ e perguntou
à Ana: Como é que achas que os sapatos me _____?

3. A Françoise achou os sapatos _____, mas decidiu comprá-los,
porque também os achou muito _____.

IV — *Verdadeiro ou falso:*

	V	F
1. A Françoise comprou o par de sapatos azuis que viu numa montra.	☐	☐
2. O empregado mostrou à Françoise o par de sapatos azuis e também outros modelos.	☐	☐
3. A Françoise também queria comprar luvas e uma carteira.	☐	☐
4. Os sapatos azuis ficam-lhe muito bem.	☐	☐

Vocabulário

Prática

I — *Complete os espaços com os seguintes verbos na sua forma correcta:*
provar / despir / usar / calçar / descalçar

1. A Françoise gosta de _____ sapatos confortáveis.

2. Ao fim do dia, depois de andar muito, ela _____ os sapatos logo
que entra em casa.

3. Quando parou de chover, ela _____ a gabardina.

4. A Ana _____ sempre a carteira de acordo com a cor dos sapatos.

5. Antes de comprar o vestido ela teve de _____ o vestido no gabinete.

II — *Procure no texto o oposto de:*

1. vender _____

2. boa noite _____

3. muito mal _____

4. baratos _____

5. feios _____

Gramática

Prática

I — *Complete com pronomes pessoais e demonstrativos:*

1. Os sapatos que a Françoise comprou ficam-_____ muito bem.

2. Ela vai experimentá-_____ (sapatos) antes de _____ (sapatos) comprar.

3. A Françoise disse ao empregado: "Gosto muito _____ sapatos aqui. _____ ali não são tão bonitos!"

II — *Complete com os verbos na forma correcta do Presente Indicativo, Pretérito Perfeito Simples e Imperativo*

Ontem a Ana _____ (ir) a uma loja e _____ (ver) vestidos muito bonitos. Sempre que ela _____ (decidir) comprar um vestido _____ (ir) a essa loja. A Ana _____ (resolver) provar um vestido e o empregado _____-lhe (dizer): "Por favor, _____-se (vestir) neste gabinete".

UNIDADE 17

VESTUÁRIO MASCULINO

O Pedro vai a um casamento e precisa de comprar um fato. Primeiro pensou em mandar fazê-lo a um alfaiate conhecido, porque os fatos por medida assentam-lhe sempre bem.

Mas acabou por desistir porque iria perder tempo a comprar a fazenda, a tirar as medidas e a provar. Além disso, ficaria mais caro do que um fato já feito. Decidiu então ir a uma loja.

Pedro: Boa tarde. Queria comprar um fato, de preferência em fazenda azul.

Empregado: Faça o favor de passar a esta sala ao lado. Temos aqui os últimos modelos.

Pedro: O que é que lhe parece este? Que tal é a fazenda?

Empregado: É muito boa, de óptima qualidade. E é azul, como prefere.

Pedro: Acho que o vou provar.

Empregado: Então, por favor, passe por aqui para o nosso gabinete. Esteja à vontade e se precisar de mim, chame-me.

Vocabulário

Interpretação

fato = conjunto calça e casaco
alfaiate = pessoa que faz fatos para homem
assentam-lhe bem = ficam-lhe bem
fazenda = tipo de tecido

Compreensão

I — *Responda às seguintes perguntas:*

1. Porque é que o Pedro precisa de comprar um fato?

2. Porque é que ele pensou mandar fazê-lo por medida?

3. Quais são as quatro razões que levaram o Pedro a desistir de um fato por medida?

4. Onde é que ele foi procurar um fato já feito?

5. Quem é que pediu ao Pedro para passar para a sala ao lado?

6. O que é que o Pedro encontrou lá?

7. O Pedro interessou-se por algum fato em especial?

8. Quando o Pedro perguntou ao empregado sobre a fazenda do fato, o que é que ele lhe respondeu?

9. Onde é que o Pedro provou o fato?

10. O empregado foi simpático. Porquê?

II — *Procure no texto as palavras que dizem:*

1. O que o Pedro precisa de comprar para ir a um casamento.

2. O tipo de fato que assenta sempre bem ao Pedro.

3. Onde é que ele decidiu ir comprar um fato.

4. O que é que é de óptima qualidade.

III — *Complete os espaços com as palavras adequadas:*

1. O Pedro gosta de fatos por medida porque lhe _____ muito bem.

2. Um _____ já feito, acaba por ser mais barato do que um fato por _____.

3. Os fatos que estão na sala ao _____ são os últimos _____ e a _____ é óptima.

IV — *Verdadeiro ou falso?*

	V	F
1. O Pedro mandou fazer o fato por medida.	☐	☐
2. Um fato já feito é mais caro do que um por medida.	☐	☐
3. O Pedro está interessado num fato de fazenda azul.	☐	☐
4. O empregado é simpático.	☐	☐

Vocabulário

Prática

I — *Junte a palavra da coluna da esquerda com outra da coluna da direita.*

Exemplo: luvas — mãos (1/C)

1. luvas	A. pés
2. gravata	B. colarinho
3. manga de uma camisa	C. mãos
4. camisa	D. botão de punho
5. meias	E. pescoço

II — *O que não está correcto em cada série?*

1. gola / botão / gravata / manga

2. fazenda / lã / sapatos / algodão

3. sapatos / vestido / chinelos / sandálias

Gramática

Prática

I — *Complete com os seguintes verbos na forma correcta:*

passar / pensar / acabar / precisar

1. Hoje ele _____ de comprar um par de sapatos.
2. Depois de visitar todas as secções ela _____ por comprar uma carteira.
3. Hoje ainda _____ naquele vestido que vi há um mês.
4. Ontem eles_____ pela Françoise e não a conheceram.

II — *Complete com os verbos no Condicional Presente:*

1. Acredite que _____ (ficar) muito contente com a sua visita.
2. Ele gosta tanto daquela camisa que _____ (pagar) muito dinheiro por ela.

UNIDADE 18

O CORREIO

O Nuno precisa de mandar uma encomenda para os pais e enviar duas cartas para os seus amigos de Setúbal. Em Lisboa há vários Correios, mas como ele mora no centro da cidade decidiu ir ao Correio dos Restauradores.

Nuno: Por favor, qual é o balcão para as encomendas?

Funcionário: O 2º balcão à sua esquerda.

Nuno: Obrigado.

O funcionário pede para o Nuno preencher um impresso, pesa a encomenda numa pequena balança e diz-lhe quanto é que ele tem que pagar.

Nuno: Dê-me também, por favor, selos para estas duas cartas. São para Setúbal.

Funcionário: Quer por via normal ou registada?

Nuno: Por via normal. Quanto é tudo?

Funcionário: 5,41 €.

Nuno: Desculpe, mas só tenho esta nota de 50 €.

Funcionário: Não tem importância. Aqui tem o seu troco — 44,59 €.

Vocabulário

Interpretação

encomenda = pacote / embrulho que se envia
preencher = escrever
não tem importância = não há problema
troco = o dinheiro que resta de um pagamento

Compreensão

I — *Responda às seguintes perguntas:*

1. Para quem é que o Nuno precisa de enviar uma encomenda?

2. Ele vai ao Correio só por causa da encomenda?

3. Porque é que ele decidiu ir ao Correio dos Restauradores?

4. A quem é que ele pediu informações sobre o balcão das encomendas?

5. O que é que o Nuno teve que preencher?

6. Antes de dizer o preço da encomenda o que é que o funcionário fez?

7. As duas cartas para Setúbal foram por via normal ou registadas?

8. O que é mais caro: enviar cartas por via normal ou registadas?

9. Como é que o Nuno pagou ao funcionário?

10. Por que é que o Nuno disse ao funcionário: "Desculpe, mas só tenho esta nota de 50 €."

II — *Procure no texto as palavras que dizem:*

1. O que é que o Nuno precisa de mandar aos pais.

2. Onde é que ficam os Correios dos Restauradores.

3. Onde é que o funcionário pesou a encomenda.

4. O que é que o funcionário deu ao Nuno depois de receber a nota de 50 €.

III — *Complete os espaços com as palavras adequadas:*

1. Não quero enviar esta encomenda por via _____. Quero enviar _____, porque é mais seguro.

2. Esta encomenda é grande e deve _____ bastante. Vamos ver quando o funcionário a colocar na _____.

3. O funcionário teve de dar _____ ao Nuno porque ele pagou com uma _____ de 50 €.

IV — *Verdadeiro ou falso?*

	V	F
1. O Nuno não sabe qual é o balcão das encomendas.	☐	☐
2. O Nuno pesou a encomenda numa balança.	☐	☐
3. O Nuno enviou as cartas por via normal.	☐	☐
4. O Nuno teve que pagar por tudo 5 €.	☐	☐

Vocabulário

Prática

I — *Complete com as expressões:*

ter saudades / chegar a tempo / esta lá? / de nada / por sorte

1. Ele vai _____ da família quando passarem alguns anos.

2. _____? É o Nuno? Finalmente que te encontro.

3. Acha que este telegrama vai _____?

4. _____ tenho aqui o dinheiro certo para lhe pagar os selos.

5. Muito obrigado pela informação. _____.

II — *Qual é o oposto de:*

1. amigos — _____

2. ir — _____

3. enviar — _____

4. esquerda — _____

5. tudo — _____

Gramática

Prática

I — Faça perguntas para saber o que está assinalado:

Exemplo: O Nuno pagou 5,41 €.

Quanto é que pagou o Nuno?

1. O Nuno enviou uma encomenda aos pais.

2. As cartas foram enviadas por via normal.

3. O funcionário pesou a encomenda.

II — Faça frases com as seguintes palavras:

Exemplo: pais / Nuno / vivem / Setúbal

Os pais do Nuno vivem em Setúbal.

1. Nuno / foi / Correios / enviar / encomenda

2. funcionário / recebeu / encomenda / pesou-a / balança

3. Nuno / teve / pagar / nota / 50 €

UNIDADE 19

A INFÂNCIA DO NUNO

O Nuno gosta muito de falar da sua infância. A Françoise já ouviu várias histórias dessa época e esta é uma delas.

"Quando éramos crianças, o nosso pai obrigava-nos, a mim e ao meu irmão, a estudar durante as férias. Eu não guardo boas recordações desse tempo e por isso prometi a mim mesmo que nunca obrigaria os meus filhos a fazer o mesmo.

Felizmente isso só acontecia duas vezes por semana. Nos outros dias, quando estava bom tempo, o meu pai levava-nos a fazer longos passeios pela montanha e só regressávamos ao cair da noite."

Vocabulário

Interpretação

infância = meninice; idade até mais ou menos aos 10 anos

época = período de tempo

recordações = lembranças; memórias

guardar = conservar; ter

acontecia = passava

regressávamos = voltávamos

cair da noite = quando começa a noite

Compreensão

I — *Responda às seguintes perguntas:*

1. De que é que o Nuno gosta de falar?

2. Quem é que ouviu falar dessas histórias?

3. A quem é que o pai do Nuno obrigava a estudar?

4. Quantos irmãos tem o Nuno?

5. Quando é que o pai os obrigava a estudar?

6. Porque é que o Nuno não guarda boas recordações da sua infância?

7. O que é que ele prometeu a ele mesmo?

8. Quantas vezes por semana tinham eles que estudar?

9. O que faziam eles nos outros dias da semana?

10. Quando é que regressavam desses passeios?

II — *Procure no texto as palavras que dizem:*

1. Quem obrigava o Nuno e o irmão a estudar.

2. Quando é que o Nuno e o irmão estudavam.

3. Por onde é que eles faziam longos passeios.

4. Quando é que eles regressavam dos longos passeios.

III — *Complete os espaços com as palavras adequadas*

1. Na sua _____ o Nuno tinha de _____ duas _____
   por semana durante as _____.

2. Ele não gostava de estudar, por isso não guarda boas _____
   dessa época.

3. Sempre que estava bom _____ o pai deles _____-os
   a fazer _____ pela montanha.

IV — *Verdadeiro ou falso?*

	V	F
1. A Françoise gostava muito de falar muito da sua infância.	☐	☐
2. O Nuno tinha de estudar duas vezes por semana durante as férias.	☐	☐
3. Durante toda a semana eles faziam longos passeios.	☐	☐
4. Só quando estava bom tempo é que eles passeavam pela montanha.	☐	☐

Vocabulário

Prática

I — *Complete os espaços com as palavras:*

infância / adolescência / velhice / época

1. Quando ele era criança passou a sua _____ junto das montanhas.

2. Quando o Nuno olha para o avô pensa: "a _____ também pode ser
   uma bonita idade".

3. Na sua _____ de estudante, ele não gostava muito de estudar.

4. Entre os 15 e os 18 anos o Nuno passou a sua _____ em Setúbal.

II — *Procure no texto palavras semelhantes a:*

1. contos — _____
2. meninos — _____
3. fazer promessas —_____
4. suceder — _____
5. caminhadas — _____

Gramática

Prática

I — *Complete com os verbos na forma correcta do Imperfeito do Indicativo.*

1. Quando eles _____ (caminhar) pelas montanhas _____ (ver) lindas paisagens.

2. Enquanto o Nuno _____ (estudar), o avô _____ (ir) pescar.

3. Quando o Nuno _____ (terminar) de estudar, _____ (pôr) os livros na pasta.

II — *Faça perguntas para saber o que está assinalado.*

Exemplo: O pai levava-os a passar.

Quem é que os levava a passear?

1. O Nuno contava à Françoise histórias da sua infância.

_____

2. Eles davam passeios pelas montanhas.

_____

3. Ele ia pescar com o avô.

_____

UNIDADE 20

UMA IDA À PESCA

Esta é mais uma história da infância do Nuno que ele, um dia, contou à Françoise:

"A paixão do meu avô era ir pescar trutas a um rio perto da nossa casa. Eu e o meu irmão nunca nos podíamos atrasar quando combinávamos uma ida à pesca. Ele ficava furioso. Dava-me sempre óptimos conselhos sobre este tipo de pesca e eu ouvia-o com muita atenção. O meu irmão não gostava de pescar e enquanto nós pescávamos, ele passava o dia a ler junto ao rio. Quando, às vezes, regressávamos a casa com muitos peixes, a minha avó ainda dava alguns aos vizinhos."

Vocabulário

Interpretação

paixão = amor

trutas = um tipo de peixe de rio

combinávamos = planeávamos

furioso = zangado

enquanto = ao mesmo tempo que

Compreensão

I — *Responda às seguintes perguntas:*

1. Qual era a paixão do avô do Nuno?

2. Que tipo de peixes é que o avô do Nuno costumava pescar?

3. Onde é que eles pescavam?

4. Quando é que o avô do Nuno ficava furioso?

5. Que conselhos é que o avô dava ao Nuno?

6. Como é que o Nuno ouvia o avô?

7. Porque é que o irmão do Nuno também não pescava com eles?

8. O que é que o irmão do Nuno fazia enquanto eles pescavam?

9. Eles regressavam a casa sempre com muitos peixes?

10. A quem é que a avó, às vezes, dava peixes?

II — *Procure no texto as palavras que dizem:*

1. O tipo de peixe que o avô gostava de pescar.

2. Onde é que eles pescavam as trutas.

3. Como é que o avô ficava quando o Nuno e o irmão se atrasavam.

4. Onde é que o irmão passava o dia a ler.

III — *Complete os espaços com as palavras adequadas:*

1. Quando o avô ia à _____ ficava _____, quandos os netos se atrasavam.

2. O avô dava sempre óptimos _____ ao Nuno sobre a _____.

3. Quando eles _____ muitos peixes, a avó dava alguns aos

_____.

IV — *Verdadeiro ou falso*

	V	F
1. A paixão do Nuno era pescar.	☐	☐
2. O Nuno ouvia os conselhos do avô com muita atenção.	☐	☐
3. O irmão do Nuno às vezes também pescava.	☐	☐
4. O Nuno às vezes dava peixes aos vizinhos.	☐	☐

Vocabulário

Prática

I — *Preencha os espaços com as seguintes expressões com o verbo na forma correcta:*

dar conselhos / dar bom dia / dar para o mar / dar os parabéns

1. Sempre que o Nuno chegava de manhã à universidade _____

_____ aos colegas.

2. Antigamente o avô sempre que podia _____

ao Nuno sobre a pesca.

3. A Françoise fez anos e o Nuno _____.

4. Aquela casa tem uma vista lindíssima. Ela _____.

II — *Preencha os espaços com:*

pesca submarina / ginástica / ténis

1. O Nuno e o Pedro pegam nas suas raquetes e aos fins de semana jogam

_____.

2. A Françoise gosta de fazer exercícios físicos; por isso ela faz

_____ 3 vezes por semana.

3. Há pessoas que gostam de conhecer o fundo do mar. Algumas dedicam-
-se à _____.

Gramática

Prática

I — *Preencha os espaços com os pronomes relativos:*

quais / que / qual

1. O rio no _____ o avô e o neto pescavam era muito grande.
2. Os peixes _____ eles pescavam eram trutas.
3. A avó dava alguns peixes aos vizinhos os _____ eles comiam ao jantar.

II — *Complete com os verbos na forma correcta do Pretérito Perfeito Simples e Imperfeito do Indicativo:*

1. Enquanto o Nuno _____ (pescar) o irmão _____ (ler) um livro.

2. Naquele dia quando eles _____ (chegar) a casa, a avó _____ (estar) a preparar o jantar.

3. _____ (ser) quase 9 horas da manhã quando eles _____ (sair) de casa.

UNIDADE 21

UM JANTAR IMPREVISTO

Chamo-me Isabel e não gosto de surpresas. O meu marido, ao contrário, gosta muito e estou a lembrar-me de uma surpresa bem recente que ele me fez.

Ontem, já era muito tarde quando ele chegou a casa para jantar com quatro amigos. Não me pôde avisar porque o nosso telefone estava avariado. Claro que todos os supermercados já estavam fechados àquela hora e por isso tive que improvisar uma ementa com o que havia em casa. Como devem imaginar não foi nada fácil, mas o jantar correu bem pois todos comeram bastante e com muito apetite.

Vocabulário

Interpretação

marido = masculino de esposa

lembrar-me = recordar-me

recente = há pouco tempo

avisar = informar

avariado = que não funciona

improvisar = inventar

Compreensão

I — *Responda às seguintes perguntas:*

1. Quem é que gosta de fazer surpresas?

2. Quantos amigos é que o marido da Isabel trouxe para jantar?

3. Quando é que ele chegou para jantar?

4. Porque é que ele não avisou a Isabel?

5. Por que motivo os supermercados já estavam fechados?

6. O que é que a Isabel teve que improvisar?

7. Como é que ela preparou o jantar?

8. Como é que correu o jantar?

9. Eles gostaram da comida? Porquê?

10. Foi fácil preparar aquele jantar?

II — *Procure no texto as palavras que dizem:*

1. Quem não gosta de surpresas.

2. O que é que estava já fechado àquela hora.

3. O que é que a Isabel teve de fazer.

4. Como correu o jantar.

III — *Complete os espaços com as palavras adequadas:*

1. O marido da Isabel não a _____ porque o telefone estava

_____.

2. Como os _____ estavam fechados, ela teve que _____

uma ementa.

3. O jantar _____ bem, mas não foi nada _____

prepará-lo.

IV — *Verdadeiro ou falso?*

	V	F
1. O marido da Isabel fez-lhe uma surpresa há algum tempo.	☐	☐
2. A Isabel fez o jantar com o que havia em casa.	☐	☐
3. Foi muito fácil para a Isabel improvisar a ementa.	☐	☐
4. Todos comeram bem e com apetite.	☐	☐

Vocabulário

Prática

I — *Complete com a palavra correcta:*
supermercado / frutaria / pastelaria / padaria

1. Aquele _____ é muito grande.Pode-se comprar lá alimentos,

roupas e electrodomésticos.

2. Todos os dias à tarde o Nuno vai à _____ com os colegas, onde

come um bolo e toma um galão.

3. Quando queremos comprar fruta, normalmente vamos a uma

_____.

4. Em frente da pensão do Nuno há uma _____ onde ele compra

pão fresco todas as manhãs.

II — *Procure no texto o oposto de:*

1. detesta — _____
2. esquecer-me — _____
3. cedo — _____
4. partiu — _____
5. abertos — _____
6. difícil — _____
7. mal — _____

Gramática

Prática

Complete com os verbos na forma correcta do Presente do Indicativo, Imperfeito do Indicativo, Pretérito Perfeito Simples:

1. Ontem quando a Isabel _____ (ver) o marido com os quatro amigos _____ (ficar) surpreendida.

2. Ela normalmente não _____ (gostar) de surpresas, mas naquela noite _____ (ter) que improvisar uma ementa.

3. Enquanto a Isabel _____ (preparar) o jantar, o marido e os amigos _____ (conversar).

4. Depois do jantar os amigos do marido da Isabel _____ (agradecer) o jantar e _____ (despedir-se).

UNIDADE 22

UMA CASA

O Sr. Antunes e a D. Maria são os pais do Nuno. Eles vivem há muitos anos numa casa muito bonita e espaçosa situada perto de Setúbal. Mesmo em frente há canteiros com roseiras e atrás há um pequeno pomar onde o Sr. Antunes cultiva várias árvores de fruto. Ao lado há uma grande garagem onde o pai do Nuno guarda o carro.

No primeiro andar da casa ficam a cozinha, uma despensa, uma sala de visitas, uma sala de jantar, um escritório, e uma casa de banho. No segundo andar há três quartos de dormir, duas casas de banho e uma grande varanda.

O Nuno gosta muito de passar aqui as férias. Ele levanta-se de manhã muito cedo e dá longos passeios pelo campo.

Vocabulário

Interpretação

espaçosa = com uma grande área

situada = localizada

guarda o carro = estaciona o carro

andar = piso

o campo = o contrário de cidade

Compreensão

I — *Responda às seguintes perguntas:*

1. Quem são os pais do Nuno?

2. Como é a casa onde eles vivem?

3. Há quanto tempo é que eles moram nessa casa?

4. Onde é que ficam os canteiros de roseiras?

5. Quem é que toma conta do pequeno pomar?

6. Onde é que fica a garagem?

7. Quantas casas de banho é que há no primeiro e no segundo andar?

8. Além dos quartos de dormir e das casas de banho, o que é que há também no segundo andar?

9. Quando é que o Nuno se levanta, enquanto está de férias?

10. O que é que ele gosta de fazer de manhã bem cedo?

II — *Procure no texto as palavras que dizem:*

1. Onde é que a casa dos pais do Nuno está situada.

2. O que é que o pai do Nuno planta no pomar.

3. Como é a garagem que fica ao lado da casa.

4. Como são os passeios que o Nuno dá muito cedo de manhã.

III — *Complete os espaços com as palavras adequadas:*

1. O pai do Nuno _____ árvores de fruto num pequeno _____, que fica _____ da casa.

2. Em frente da casa há _____ de roseiras e ao lado uma garagem onde o Sr. Antunes _____ o carro.

3. Dentro da casa , no primeiro _____ há uma _____ de jantar, uma sala de _____, mas no _____ andar ficam os _____ de dormir.

IV — *Verdadeiro ou falso*

	V	F
1. O pai do Nuno tem um carro.	☐	☐
2. A casa é espaçosa, mas não é bonita.	☐	☐
3. O Nuno levanta-se mais tarde nas férias.	☐	☐
4. O Nuno dorme no primeiro andar.	☐	☐

Vocabulário

Prática

I — *Junte a palavra da coluna da esquerda com a outra da coluna da direita.*

Exemplo: A maçã — a macieira (1+F)

Frutas	*Árvores de fruto*
1. A maçã	A. A figueira
2. A pêra	B. A cerejeira
3. A cereja	C. A pereira
4. O pêssego	D. O limoeiro
5. O figo	E. O pessegueiro
6. A laranja	F. A macieira
7. O limão	G. A laranjeira

II — *Complete os espaços:*

1. Na _____ tomamos o pequeno almoço, almoçamos e jantamos.
2. Na _____ preparamos as refeições.
3. No _____ dormimos.
4. No _____ estudamos, lemos, escrevemos.
5. Na _____ lavamo-nos.
6. Na _____ recebemos as visitas ou os amigos.

Gramática

Prática

I — *Complete os espaços com os pronomes interrogativos adequados:*

1. _____ é que o Nuno dá longos passeios?
2. _____ é o nome da mãe do Nuno?
3. _____ são as flores que há em frente da casa dos pais do Nuno?
4. _____ é a varanda da casa dos pais do Nuno?

II — *Comece as seguintes frases com a palavra "antigamente" e faça as alterações verbais necessárias.*

Exemplo: O Nuno gosta de Setúbal.

Antigamente o Nuno gostava de Setúbal.

O Nuno passa as férias na casa dos pais e sempre que pode dá longos passeios pelo campo. Ele é muito conhecido naquela região e tem muitos amigos.

_____

_____

_____

UNIDADE 23

RESERVA DE QUARTO NO HOTEL

O Sr. Antunes e a D. Maria decidiram ir a Lisboa visitar o Nuno. Antes de partirem telefonaram para reservar um quarto num hotel.

Sr. Antunes: Está? É do Hotel Fonte?

Empregado: É, sim. O que deseja?

Sr. Antunes: Queria saber se é possível fazer uma marcação para um quarto de casal a partir da próxima segunda-feira. Pensamos ficar uma semana.

Empregado: Penso que não é possível. Mas, um momento, vou verificar se ainda temos algum quarto vago. Infelizmente não temos. O hotel está totalmente cheio durante todo este mês.

Depois de mais três telefonemas o Sr. Antunes acabou por reservar um quarto de casal num hotel de três estrelas na baixa de Lisboa.

Vocabulário

Prática

quarto de casal = quarto para duas pessoas

a partir de = desde

cheio = completamente ocupado

baixa = o centro de uma cidade

Compreensão

I — *Responda às seguintes questões:*

1. Quem é que o Sr. Antunes e a D. Maria decidiram ir visitar em Lisboa?

2. Eles pensaram ficar na pensão onde está o Nuno?

3. Por que motivo é que eles fizeram vários telefonemas antes de partirem para Lisboa?

4. Como é que se chama o primeiro hotel para onde o Sr. Antunes telefonou?

5. Porque é que o primeiro telefonema não resultou?

6. Quanto tempo é que os pais do Nuno pensavam ficar em Lisboa?

7. Qual era o tipo de quarto que eles queriam reservar?

8. Depois de quantos telefonemas é que os pais do Nuno conseguiram reservar hotel?

9. Onde fica situado o hotel para onde eles foram?

10. Como é o hotel?

II — *Procure no texto as palavras ou expressões que dizem:*

1. A partir de quando é que o Sr. Antunes queria reservar um quarto de casal.

2. Como estava, durante todo o mês, o primeiro hotel para onde eles telefonaram.

3. Como é que o Sr. Antunes conseguiu finalmente fazer uma marcação para um quarto num hotel.

_____

4. Algumas características do hotel onde eles ficaram.

_____

III — Complete os espaços com as palavras adequadas:

1. O Sr Antunes teve que _____ para alguns hotéis para _____ um quarto.

2. Eles vão _____ em Lisboa e por isso querem reservar um quarto de _____.

3. Eles não encontraram nenhum quarto_____, porque o hotel estava _____ durante todo o mês.

IV — Verdadeiro ou falso?

	V	F
1. O Sr. Antunes fez três telefonemas para poder reservar um quarto.	☐	☐
2. O empregado do primeiro hotel disse imediatamente ao Sr. Antunes que não era possível reservar um quarto.	☐	☐
3. O Sr. Antunes e a esposa vão ficar num hotel na baixa de Lisboa.	☐	☐
4. Não foi fácil reservar um quarto num hotel em Lisboa.	☐	☐

Vocabulário

Prática

I — Junte a palavra da coluna da esquerda com outra da coluna da direita.

Exemplo: A almofada está na cama (1+A)

1. a almofada	A — casa de banho
2. o cabide	B — cama
3. a água tónica	C — mesinha de cabeceira
4. a toalha de banho	D — frigorífico
5. o candeeiro	E — guarda-fato

II — *O que é que não está correcto em cada série?*

1. almofada / campainha / cobertor / colcha
2. pasta de dentes / escova de dentes / mesa / copo
3. frigorífico / televisão / toalha / rádio.

Gramática

Prática

I — *Forme advérbios de modo:*

Exemplo: Com frequência — frequentemente

1. com facilidade — _____
2. com firmeza — _____
3. com força — _____
4. com calma — _____

II — *Complete com as seguintes preposições (com ou sem artigo):*

para / por / de / em / a / perto de / de

1. Eles chegaram _____ telefonar _____ quatro hotéis diferentes _____ conseguirem um quarto _____ casal.

2. Acabaram _____ ficar _____ centro _____ Lisboa, _____ pensão _____ Nuno.

UNIDADE 24

NA RECEPÇÃO DO HOTEL

O Sr. Antunes e a esposa entraram no hotel e dirigiram-se logo à recepção.

Empregado: Boa tarde. Que desejam?

Sr. Antunes: Boa tarde. Telefonámos ontem e reservámos um quarto de casal em nome de José Antunes. Penso que é o quarto 240.

Empregado: Um momento, por favor. Vou verificar. Aqui está, já encontrei. Uma marcação feita em nome do Sr. José Antunes para um quarto de casal por uma semana. Quarto 240.

Sr. Antunes: Correcto. Nós ainda não sabemos se vamos ficar mais alguns dias, mas depois avisaremos. Pode ser?

Empregado: Com certeza. Aqui tem a chave do seu quarto. É no segundo andar, mesmo em frente do elevador. O pequeno almoço é servido das 7:00 às 10:00 horas da manhã no nosso restaurante que fica no primeiro andar.

Sr. Antunes: Obrigado.

Empregado: Só mais uma coisa. Pode preencher esta ficha, por favor?

Sr. Antunes: Sim, claro.

Vocabulário

Interpretação

avisaremos = informaremos

o pequeno almoço = a primeira refeição do dia

preencher = escrever

ficha = formulário

Compreensão

I — *Responda às seguintes perguntas:*

1. Quando o Sr. Antunes e a esposa entraram no hotel para onde é que se dirigiram imediatamente?

2. Como é que foi feita a marcação do quarto?

3. Em que nome é que ficou reservado o quarto?

4. O Sr. Antunes lembrava-se do número do quarto? Qual era?

5. O empregado precisou de verificar a marcação do quarto?

6. O Sr. Antunes e a esposa têm a certeza que vão ficar no hotel só uma semana?

7. O que é que o empregado entregou ao Sr. Antunes?

8. Onde é que é servido o pequeno almoço?

9. A que horas é que é servido o pequeno almoço?

10. O que é que o Sr. Antunes teve que fazer na recepção antes de ir para o quarto?

II — *Procure no texto as palavras que dizem:*

1. Quem deu a chave do quarto ao Sr. Antunes.

2. Por quanto tempo o Sr. Antunes reservou o quarto.

3. O que é que é servido das 7:00 ás 10:00 horas da manhã.

_____

4. Que o Sr. Antunes preenche a ficha que o empregado lhe deu.

_____

III — *Complete os espaços com as palavras adequadas:*

1. A _____ do quarto foi feita pelo telefone e ficou em _____ do Sr. Antunes.

2. O empregado deu a _____ do quarto ao Sr. Antunes e informou--os sobre o _____ _____ que _____ servido no restaurante do hotel.

3. O Sr. Antunes teve que _____ uma ficha que o _____ lhe deu.

IV — *Verdadeiro ou falso?*

	V	F
1. O Sr. Antunes não se esqueceu do número do quarto.	☐	☐
2. O quarto é no primeiro andar e o restaurante é no segundo andar.	☐	☐
3. A esposa do Sr. Antunes preencheu uma ficha.	☐	☐
4. Eles ainda não sabem se vão ficar realmente uma semana no hotel.	☐	☐

Vocabulário

Prática

I — *Complete os espaços com:*

almoçar / jantar / lanchar / tomar o pequeno almoço

1. Em Portugal algumas pessoas tem o hábito de _____ ao meio da tarde.

2. À noite, ao _____, não se deve comer demais.

3. Ao _____ os portugueses, normalmente tomam café com leite e comem pão com manteiga, queijo ou compota.

4. Quem trabalha em Lisboa e vive nos arredores dificilmente vai _____ a casa.

II — *Complete os espaços.*

Substantivo	Verbo
	telefonar
o aviso	
	pensar
a marcação	
	almoçar

Gramática

Prática

I — *Complete com os verbos na forma correcta (Voz Passiva):*

1. O Sr. Antunes e a esposa foram _____ (atender) pelo empregado da recepção.
2. A ficha foi _____ (preencher) pelo Sr. Antunes.
3. As malas foram _____ (pôr) no elevador pelo empregado.
4. Nos hotéis normalmente as reservas são _____ (fazer) pelo telefone.

II — *Complete os espaços com:*
situado / aberto / limpo / preenchida

1. O quarto nº 240 está _____.
2. O hotel está _____ na baixa de Lisboa.
3. A ficha já está _____.
4. O hotel está _____ durante todo o dia e toda a noite.

UNIDADE 25

VESTUÁRIO FEMININO

Quando a D. Maria vai a Lisboa gosta sempre de comprar a sua roupa na mesma loja, porque ali a roupa assenta-lhe muito bem.

D. Maria: Bom dia.

Empregada: Bom dia, minha senhora. Que deseja?

D. Maria: Queria ver blusas de seda de manga curta.

Empregada: Por favor, venha comigo. Temos aqui estes modelos em exposição. Gosta de algum?

D. Maria: Gosto deste. Acho-o muito bonito.

Empregada: Qual é a cor que prefere?

D. Maria: Talvez azul escuro.

Empregada: E qual é o número que veste?

D. Maria: O número 44.

Empregada: Um momento, por favor. Vou ver se há o seu número em azul escuro.

———————

Empregada: Tenho aqui esta blusa que é o modelo que escolheu, mas em azul claro. Também é muito bonita, não acha?

D. Maria: Acho, acho. Realmente é muito bonita. Onde é que eu a posso provar?

———————

D. Maria: Está óptima. Vou levá-la. Fica-me muito bem e não é preciso alterar nada.

Vocabulário

Interpretação

roupa = vestuário

assenta-lhe muito bem = fica-lhe muito bem

seda = tecido muito fino

levá-la = comprá-la

alterar = modificar / mudar

Compreensão

I — *Responda às seguintes perguntas:*

1. Onde é que a D. Maria compra a sua roupa quando está em Lisboa?

2. Porque é que ela prefere sempre a mesma loja?

3. O que é que a D. Maria quer comprar desta vez?

4. Que tipo de blusa é que ela quer?

5. O que é que a empregada apresentou à D. Maria?

6. De que cor é que a D. Maria quer a blusa? E qual é o número que ela veste?

7. A empregada trouxe-lhe uma blusa azul escuro?

8. Porque é que a D. Maria quis provar logo a blusa que a empregada lhe trouxe?

9. Como ficou a blusa à D. Maria?

10. O que é que a D. Maria decidiu em relação à blusa?

II — **Procure no texto as palavras que dizem:**

1. A razão porque a D. Maria compra a sua roupa sempre na mesma loja.

_____

2. Como é a manga da blusa que a D. Maria quer comprar.

_____

3. Como é que os modelos das blusas foram apresentados à D. Maria.

_____

4. Que a D. Maria gostou muito da blusa azul claro.

_____

III — **Complete os espaços com as palavras adequadas:**

1. A D. Maria não quer uma blusa de _____ comprida. Quer uma blusa de manga _____.

2. Antes de levar a blusa a D. Maria quis _____-la. A blusa ficou--lhe muito _____.

3. A D. Maria achou que a _____ estava óptima. Não foi preciso _____ nada.

IV — **Verdadeiro ou falso?**

	V	F
1. A D. Maria queria uma blusa azul claro e levou uma blusa azul escuro.	☐	☐
2. A D. Maria viu vários modelos e gostou de um em especial.	☐	☐
3. A D. Maria provou a blusa e ficou-lhe muito bem.	☐	☐
4. A empregada gostou da blusa azul claro mas a D. Maria não gostou.	☐	☐

Vocabulário

Prática

I — *Complete com:*

vestidos / saia / calças compridas / camisa de dormir

1. À noite, quando a D. Maria se vai deitar, veste uma _____.
2. Uma blusa branca combina bem com uma _____.
3. Conforme a moda, os _____ usam-se curtos ou compridos.
4. A Françoise não gosta de usar vestidos e saias. Ela prefere _____ porque acha mais prático.

II — *Qual é o oposto da palavra assinalada:*

1. na mesma loja _____
2. de manga curta _____
3. azul escuro _____
4. ou levá-la _____
5. não alterar nada _____

Gramática

Prática

I — *Complete os espaços com os verbos nas formas correctas:*

Ontem a Françoise e a Ana _____ (ir) a uma loja que _____ (ficar) perto da casa delas. Lá _____ (ver) roupa muito bonita.

_____ (entrar) e enquanto a Françoise _____ (observar) tudo com muita atenção, a Ana _____ (comprar) um vestido vermelho e branco.

UNIDADE 26

FÉRIAS

O Pedro começou a trabalhar como recepcionista naquele hotel bonito perto do mar. O salário não é muito alto, mas como ele tem alojamento e comida de graça, tem economizado algum dinheiro. Além disso, ele é muito simpático e prestável para com os clientes e estes têm-lhe dado boas gorjetas.

Ultimamente o Pedro tem pensado muito em conhecer outros países e por isso decidiu aproveitar a oportunidade deste trabalho e juntar dinheiro para um dia poder viajar.

Já tem projectos para as próximas férias e o primeiro país que gostava de conhecer era o Egipto.

Ele sonha fazer essa viagem num cruzeiro, mas como é uma viagem muito cara, decidiu ir a um banco e abrir uma conta a prazo.

Vocabulário

Interpretação

salário = ordenado

de graça = grátis / sem pagamento

tem economizado = tem poupado / tem guardado dinheiro

prestável = útil / prestativo

juntar dinheiro = economizar dinheiro

cruzeiro = viagem recreativa de navio

conta a prazo = conta bancária com prazo fixo

Compreensão

I — *Responda às seguintes perguntas:*

1. Como é o salário do Pedro?

2. Porque é que ele tem economizado algum dinheiro?

3. Os clientes gostam do Pedro? Porquê?

4. O que é que os clientes lhe têm dado?

5. O que é que o Pedro tem pensado ultimamente?

6. Para quê decidiu ele aproveitar esta oportunidade de trabalho?

7. O que é que ele gostaria de fazer nas próximas férias?

8. Como é que ele sonha fazer a sua primeira viagem?

9. Essa viagem é barata?

10. Por que razão é que o Pedro quer ir a um banco?

II — *Procure no texto as palavras que dizem:*

1. O que é que ele tem de graça no hotel.

2. Para quem é que o Pedro é simpático e prestável.

3. O que é que o Pedro está a juntar para poder viajar.

4. Quais são os projectos do Pedro para as suas próximas férias.

III — *Complete os espaços com as palavras adequadas:*

1. O Pedro tem alojamento e comida _____, por isso tem economizado _____.

2. Os clientes gostam muito do Pedro, porque ele é simpático e _____. Às vezes os clientes dão-lhe _____ gorjetas.

3. Ele quer ir ao Egipto num _____, mas essa viagem é muito cara e por isso ele vai _____ uma conta a prazo no banco.

IV — *Verdadeiro ou falso*

	V	F
1. O Pedro economiza dinheiro porque o seu salário é muito alto.	☐	☐
2. O Pedro quer conhecer vários países nas suas próximas férias.	☐	☐
3. Ele sonha viajar de navio.	☐	☐
4. O Pedro vai ao banco abrir uma conta a prazo.	☐	☐

Vocabulário

Prática

I — *Complete com a expressão correcta:*

Em vez de / de graça / mas / por outro lado

1. A Françoise trabalha no aeroporto e uma vez por ano tem uma viagem _____.

2. O Pedro está a economizar dinheiro para viajar mas, _____ também gostava de comprar um carro.

3. No Verão os dias são muito bonitos e quentes, _____ às vezes também chove e faz muito vento.

4. _____ gastar o dinheiro todo, o Pedro está a poupá-lo.

Gramática

Prática

I — *Complete com as preposições correctas (com ou sem contracção):*

1. Ele sonha _____ um cruzeiro ao Egipto.
2. O Pedro está a pensar _____ uma conta a prazo.
3. Ele começou _____ juntar dinheiro desde Junho.

II — *Complete com os verbos na forma correcta do Pretérito Perfeito Composto:*

1. O Pedro _____ _____ (dormir) no hotel, desde que começou a trabalhar na recepção.
2. Ele não _____ _____ (escrever) aos pais, porque não _____ _____ (ter) tempo.
3. Ultimamente os clientes _____ _____ (gastar) muito dinheiro no bar do hotel.

UNIDADE 27

NO BANCO

Hoje é o dia de folga do Pedro e ele decidiu ir ao banco.
Empregado: Bom dia. Em que lhe posso ser útil?
Pedro: Bom dia. Eu já sou vosso cliente e tenho aqui uma conta à ordem desde Junho. Agora decidi abrir também uma conta a prazo. Mas antes queria saber o meu saldo.
Empregado: Muito bem. Qual é o número da sua conta?
Pedro: É 78943 - 2.
Empregado: Aqui tem o saldo que me pediu. Qual é a quantia que pensa depositar para abrir a sua nova conta?
Pedro: Talvez 400 €. Qual é o juro?
Empregado: Bem, isso depende. Quer abrir uma conta a prazo de 6 meses ou de um ano? O juro varia entre 12 e 14 por cento ao ano, conforme o tipo de conta.
Pedro: Quero de um ano.
Empregado: Então, por favor preencha esta ficha e assine na última linha.
Pedro: Ah! Um momento. Também quero requisitar um livro de cheques.

Vocabulário

Interpretação

conta à ordem = conta bancária sem prazo fixo
saldo = quantia de dinheiro disponível numa conta bancária
quantia= montante em dinheiro
requisitar = pedir

Compreensão

I — *Responda às seguintes perguntas:*

1. Em que dia é que o Pedro foi ao banco?

2. Desde quando é que o Pedro tem uma conta à ordem naquele banco?

3. Para saber o saldo da conta do Pedro o que é que o empregado lhe pediu?

4. Que decisão é que o Pedro tomou em relação ao seu dinheiro?

5. Quanto é que ele vai depositar na sua nova conta?

6. Que tipo de conta a prazo é que ele vai abrir?

7. Porque é que o juro das contas a prazo varia?

8. Para abrir uma conta o que é que o Pedro teve que preencher?

9. Onde é que o Pedro assinou?

10. De que é que o Pedro se lembrou de repente?

II — *Procure no texto as palavras que dizem:*

1. Desde quando o Pedro tem uma conta à ordem naquele banco.

2. O que é que ele queria saber sobre a sua conta à ordem.

3. O que varia entre 12 e 14 por cento ao ano.

4. O que é que o Pedro teve de preencher.

III — *Complete os espaços com as palavras adequadas:*

1. O Pedro foi ao banco para saber o _____ da sua conta à ordem, para _____ uma conta a _____ e _____ um livro de cheques.

2. O empregado informou o Pedro sobre o _____ das contas a prazo, que variam entre 12 e 14 por _____ ao _____.

IV — *Verdadeiro ou falso*

	V	F
1. O Pedro tem uma conta à ordem e uma conta a prazo naquele banco desde Junho.	☐	☐
2. Quando o Pedro entrou no banco a primeira coisa que fez foi pedir o saldo da sua conta à ordem.	☐	☐
3. O Pedro quer abrir uma conta a prazo de um ano.	☐	☐
4. O Pedro foi ao banco só para saber o saldo da sua conta à ordem e para abrir uma nova conta.	☐	☐

Vocabulário

Prática

I — *Complete os espaços com as palavras:*

livro de cheques / conta / dinheiro / cheque / moeda

1. levantar _____
2. abrir _____
3. passar _____
4. cambiar _____
5. requisitar _____

II — *Complete os espaços:*

Substantivo	Adjectivo
	útil
ano	
	mensal
	variável

Gramática

Prática

I — *Comece o texto por ontem e faça as alterações necessárias:*

O Pedro entra no banco e dirige-se a um empregado. Ele quer saber o saldo da sua conta à ordem e também abrir uma conta a prazo. O empregado atende-o e dá-lhe todas as informações que o Pedro precisa.

_____

_____

_____

UNIDADE 28

A FARMÁCIA

Há dias o Nuno e o Pedro encontraram-se na rua por acaso e como não se viam há muito tempo estiveram a conversar durante algum tempo. O Nuno reparou imediatamente que o Pedro estava um pouco pálido e perguntou-lhe se ele estava com algum problema de saúde.

Nuno: Tu estás bem, Pedro? Acho-te um pouco pálido e abatido.

O Pedro disse-lhe que tinha acordado com uma forte dor de cabeça e tinha ido a uma farmácia comprar uma caixa de aspirinas. No entanto, estava a ficar com dores de garganta e a sentir-se mal.

Nuno: Ó Pedro, eu penso que deves estar a ficar com gripe. Porque é que não voltas à farmácia e compras um xarope ou um outro medicamento?

Pedro: Penso que é uma boa ideia. Há alguns medicamentos que só se aviam com receita médica. De qualquer maneira vou à farmácia e peço um remédio para a garganta.

Vocabulário

Interpretação

reparou = notou

pálido = branco; sem cor

abatido = adoentado

sentir-se mal = estar mal disposto

medicamento = remédio

113

Compreensão

I — *Responda às seguintes perguntas:*

1. Onde é que o Nuno e o Pedro se encontraram há dias?

2. Porque é que eles estiveram a conversar um pouco?

3. O que é que o Nuno reparou imediatamente quando viu o Pedro?

4. O que é que o Nuno perguntou ao Pedro?

5. Como é que o Pedro acordou naquele dia?

6. Onde é que ele comprou uma caixa de aspirinas?

7. Durante a conversa dos dois amigos, como é que o Pedro se estava a sentir?

8. Porque é que o Nuno disse ao Pedro para ele voltar à farmácia?

9. O que é que o Pedro pensou da sugestão do Nuno?

10. As farmácias aviam todos os medicamentos com receita médica?

II — *Procure no texto as palavras que dizem:*

1. Como é que o Nuno e o Pedro se encontraram na rua.

2. Quanto tempo é que eles estiveram a conversar.

3. O que é que o Pedro foi comprar à farmácia antes de encontrar o Nuno.

4. O que é preciso para as farmácias aviarem alguns medicamentos.

III — *Complete os espaços com as palavras adequadas:*

1. Quando o Pedro e o Nuno se _____ na rua, o Nuno notou que
   o Pedro estava um pouco _____ .

2. O Pedro tinha _____ de garganta e estava a sentir-se
   _____.

3. As farmácias não _____ alguns medicamentos sem
   _____ médica.

IV — *Verdadeiro ou falso?*

	V	F
1. O Nuno foi à farmácia, para comprar uma caixa de aspirinas e um xarope.	☐	☐
2. O Pedro pensa que o Nuno está a ficar com gripe.	☐	☐
3. O Nuno vai voltar à farmácia para comprar uma caixa de aspirinas.	☐	☐
4. As farmácias aviam alguns medicamentos só com receita médica.	☐	☐

Vocabulário

Prática

I — *Complete os espaços com as palavras:*
   antibiótico / comprimidos / pomadas / conta-gotas

1. Só se pode comprar um _____ com receita médica.

2. Há frascos de medicamentos com muitos _____.

3. Quando temos dores musculares, normalmente usamos _____,
   que esfregamos na zona afectada.

4. Há certos medicamentos que só podem ser usados com _____.

Gramática

Prática

I — Complete com os verbos na forma correcta do Pretérito-Mais-Que--Perfeito Composto:

1. Quando o Nuno entrou naquela rua, O Pedro já o _____ (ver).

2. O Pedro voltou à farmácia onde já _____ (estar) de manhã.

II — Ponha no Discurso Indirecto:

1. O Pedro disse ao Nuno: "Estou a sentir-me mal e tenho dores de garganta"

   _____

2. Quando o Nuno viu o Pedro perguntou-lhe: "Estás bem?".

   _____

3. O Nuno ainda lhe disse: "Noto que estás abatido"

   _____

UNIDADE 29

O EURO

A Françoise recebeu a visita de um amigo americano que se chama Peter e que ela conheceu há alguns anos em Paris.

O Peter já veio várias vezes a Portugal mas nunca visitou a cidade do Porto.

Normalmente fica em Lisboa, num hotel, e por isso conhece muito bem os arredores da capital de Portugal.

Desta vez resolveu aceitar a sugestão da sua amiga Françoise para passar uns dias com ela no Porto.

Depois de matarem saudades, o Peter quis fazer algumas compras e como não conhece o Euro, o novo sistema monetário em Portugal, pediu à sua amiga algumas explicações sobre a nova moeda da União Europeia.

A Françoise mostrou-lhe as 8 moedas e as 7 notas. Quanto às moedas há moedas de: 1 cêntimo, 2 cêntimos, 5 cêntimos, 10 cêntimos, 20 cêntimos, 50 cêntimos, 1 euro e 2 euros. Quanto às notas há notas de: 5 euros, 10 euros, 20 euros, 50 euros, 100 euros, 200 euros e 500 euros.

Agora o Peter já conhece bem o Euro e por isso é quase impossível enganar-se com os trocos, o que às vezes lhe acontece...

Vocabulário

Interpretação

várias vezes = frequentemente

arredores = suburbios

resolveu = decidiu

enganar = errar

acontece = sucede

Compreensão

I — *Responda às seguintes perguntas:*

1. Quem é o Peter?

2. Onde e há quanto tempo é que a Françoise o conheceu?

3. Quantas vezes veio o Peter a Portugal?

4. Qual é a cidade em Portugal que o Peter conhece melhor?

5. Quando o Peter está em Lisboa, onde é que fica a morar?

6. Quantas moedas tem o euro e qual é o valor de cada uma?

7. Quantas notas tem o Euro e qual é o valor de cada uma?

8. Quantos cêntimos tem um Euro?

9. Quem é que deu explicações ao Peter sobre o Euro?

10. Porque razão o Peter não se vai enganar com os trocos em Portugal?

II — *Procure no texto as palavras que dizem:*

1. O nome do amigo americano da Françoise.

2. A cidade que o Peter conhece muito bem em Portugal.

3. O nome da moeda da União Europeia.

4. Quem se engana com os trocos às vezes.

III — *Complete os espaços com as palavras adequadas:*

1. O _____ está dividido em 100 cêntimos.

2. O Peter e a Françoise mataram _____ durante os primeiros dias no Porto.

3. O Peter já conhece as _____ e as _____ da moeda da União Europeia.

IV — *Verdadeiro ou falso?*

                                      V   F

1. O Peter já visitou o Porto algumas vezes. ☐ ☐

2. A Françoise conhece o Peter há pouco tempo. ☐ ☐

3. A Françoise quis fazer compras no Porto. ☐ ☐

4. O Peter quis conhecer a nova moeda da União Europeia. ☐ ☐

Vocabulário

Prática

I — *Complete com a palavra correcta:*

1. O dólar é a unidade monetária _____.

2. O iene é a unidade monetária _____.

3. O euro é a unidade monetária _____.

4. A rupia é a unidade monetária _____.

II — *Escreva como o exemplo:*

5 € = 5 euros

1. 2,50 € = _____.
2. 3,75 € = _____.
3. 150 € = _____.

Gramática

Prática

I — *Complete com os verbos na forma correcta:*

No mês passado a Françoise _____ (receber) o Peter que _____ (ser) seu amigo _____ (haver) muitos anos. Antigamente ele _____ (ir) frequentemente a Lisboa e _____ (ficar) sempre num hotel da capital.

Quando o Peter _____ (chegar) ao Porto ainda não _____ (conhecer) a nova moeda da União Europeia, mas a sua amiga _____-lhe (mostrar) as novas moedas e notas.

UNIDADE 30

TRÊS DIAS DE GREVE

O Nuno gosta de contar à Françoise histórias da sua família e normalmente são histórias sobre a sua prima Isabel. Ela é casada, tem dois filhos e, por vezes, toma atitudes que surpreendem e divertem a família. Esta é uma delas.

Um dia a Isabel decidiu fazer greve, reuniu a família e disse: "De agora em diante não vou tocar em mais nenhuma panela, tacho ou frigideira." E explicou: "Depois de saberem o que é, realmente, a divisão de tarefas na cozinha, vocês vão resolver tudo sozinhos". E acrescentou: "Esta tarde vou sair com uma amiga e só voltarei depois do jantar".

"Ela vai realmente fazer isso?" — perguntou o marido preocupado com as novas responsabilidades.

Ao fim do terceiro dia de sandes e bolachas, o marido e os dois filhos cederam e aceitaram todas as reinvindicações da grevista.

Vocabulário

Prática

greve = recusar trabalhar

toma atitudes = toma decisões

surpreendem = espantam

reuniu = juntou

tocar = pegar

panela, tacho, frigideira = utensílios usados para cozinhar

reinvindicações = reclamações

Compreensão

I — *Responda às seguintes perguntas:*

1. A quem é que o Nuno gosta de contar histórias?

2. Como é que a Isabel surpreende e diverte a família?

3. O que é que a Isabel fez, quando decidiu fazer greve?

4. Em que consiste a greve da Isabel?

5. O que é que a Isabel resolveu fazer no primeiro dia de greve à tarde?

6. O marido acreditou imediatamente no que a Isabel disse?

7. Porque é que o marido da Isabel ficou preocupado?

8. O que é que o marido e os filhos comeram durante a greve da Isabel?

9. Quanto tempo durou a greve?

10. Quando é que a greve terminou?

II — *Procure no texto as palavras que dizem:*

1. O que é que o Nuno gosta de contar à Françoise.

2. Com quem é que a Isabel saiu no primeiro dia de greve.

3. Quando é que a Isabel voltou para casa.

4. Como é que o marido ficou, quando soube das suas novas responsabilidades.

III — *Complete os espaços com as palavras adequadas:*

1. A Isabel decidiu fazer _____ e não _____ mais em panelas, tachos ou frigideiras.

2. O marido _____ preocupado com as novas responsabilidades e ao _____ do terceiro dia, ele e os filhos _____ todas as reinvindicações da Isabel.

IV — *Verdadeiro ou falso?*

	V	F
1. A Isabel fez greve para o marido e os filhos aceitarem as suas reinvidincações.	☐	☐
2. No primeiro dia de greve ela não jantou em casa.	☐	☐
3. O marido e os filhos cozinharam durante os três dias.	☐	☐
4. A Isabel teve sucesso com a sua greve.	☐	☐

Vocabulário

Prática

I — *Junte a palavra da coluna da esquerda com outra da coluna da direita e descubra o que é que a Isabel faz em casa.*

1. limpa	A. as refeições
2. arruma	B. a casa
3. põe	C. a loiça
4. prepara	D. o pó
5. lava	E. a mesa

II — *Qual o oposto de:*

1. gosta = _____

2. sozinhos = _____

3. sair = _____

4. aceitaram = _____

Gramática

Prática

I — *Complete com as preposições correctas:*

1. Ela não tocou _____ mais nenhuma panela.

2. Ela saiu _____ uma amiga e voltou _____ casa muito tarde.

3. O marido não esperava _____ aquelas novas responsabilidades.

II — *Substitua as palavras assinaladas por pronomes pessoais (Complemento Directo e Indirecto)*

1. A Isabel disse ao marido que ela ia começar uma greve.

_____

2. O marido comeu bolachas durante três dias.

_____

3. Os filhos deram sandes ao pai durante a greve.

_____

SOLUÇÃO DOS EXERCÍCIOS

UNIDADE 1

O PRIMEIRO DIÁLOGO

Compreensão

I.

1. O lugar está vago.
2. O Nuno.
3. Desculpe, este lugar está vago?
4. Ele chama-se Nuno.
5. Ela chama-se Françoise.
6. Ela é francesa.
7. Não, ele é português.
8. Ela mora no Porto.
9. Ela gosta mais de Lisboa.
10. São simpáticos.

II.

1. lugar
2. francesa
3. Porto
4. simpáticos

III.

1. nacionalidade / você
2. é que / moro
3. gosta / simpáticos

IV.

1. F
2. F
3. V
4. V

Vocabulário

Prática

I.

1. italiana
2. inglês
3. franceses

II.

1. vago
2. sentar-se
3. bastante / muito
4. simpático

Gramática

Prática

I.

1. Onde
2. Como
3. Quem

II.

1. Ela não é portuguesa
2. Os portugueses são simpáticos

III.

1. Ela mora <u>no</u> Porto mas gosta mais <u>de</u> Lisboa
2. <u>A</u> nacionalidade <u>da</u> Françoise é francesa

125

Vocabulário

antipático
bastante
a cadeira
a çidade
desculpe
este
a França
(o) francês
a Inglaterra
a Itália
livre
o lugar
mais
mas
muito
ocupado
(o) português
pouco
simpático
vago

Verbos

chamar-se
estar
gostar
levantar-se
morar
poder
sentar-se
ser
viver

UNIDADE 2

O CONVITE

Compreensão

I.

1. O Nuno encontra a Françoise em Lisboa.
2. Está a passar o fim de semana.
3. Está a morar na casa de amigos.
4. Ela vai ao teatro ou a um cinema.
5. Sim, eles gostam de música.
6. É à noite.
7. Ele é espanhol.
8. Sim, ela aceita o convite.
9. São o sábado e o domingo.
10. São: segunda-feira, terça-feira, quarta-feira, quinta-feira e sexta-feira.

II.

1. amigos
2. à noite
3. espanhol
4. adoro

III.

1. de semana / casa
2. fazer / ir
3. recital / prazer

IV.

1. F
2. F
3. V
4. F

Vocabulário

Prática

I.

1. mês
2. ano
3. século

II.

1. fim
2. amigos
3. noite
4. muito

Gramática

Prática

I.

1. vou
2. convida
3. gostam

II.

1. em /na
2. com / a
3. à
4. ao / com

Vocabulário

o ano	
o amigo	
aqui	
a casa	
certamente	
o concerto	
conhecido	
o dia	
o domingo	
então	
(o) espanhol	
famoso	
o fim de semana	
hoje	
o inimigo	
teatro	
o mês	
a música	
a noite	
o pianista	
o piano	
popular	
o princípio	
a quarta-feira	
a quinta-feira	
o sábado	
o século	
a segunda-feira	
a semana	
a sexta-feira	
o teatro	
a terça-feira	

Verbos

adorar
convidar
ir
fazer
passar
pensar

Expressões

Bem, obrigado(a)
Claro, é um prazer

UNIDADE 3

A ENTREVISTA

Compreensão

I.

1. O Pedro tem 21 anos.
2. Inglês e alemão.
3. Ele quer o emprego para o próximo ano.
4. Ele não se importa de trabalhar à noite e durante o fim-de-semana.
5. O Sr. Pereira trabalha num hotel.
6. Ele é gerente do hotel.
7. Perto da praia.
8. Porque há uma vaga para recepcionista no hotel.
9. Não, o Pedro também faz perguntas.
10. O Pedro pede informações sobre o salário, os dias de folga, se tem direito a quarto dentro do hotel e se vai trabalhar à noite.

II.

1. fluentemente
2. emprego
3. bonito
4. candidatos

III.

1. importa/fim-de
2. pergunta / folga

IV.

1. V
2. V
3. F
4. V

Vocabulário

Prática

I.

1. hospital
2. escola
3. cozinha

II.

1. trabalhar
2. noite
3. bonito
4. perto
5. dentro

Gramática

Prática

I.

1. -a
2. (trá)-lo
3. -no

II.

1. com
2. perto do
3. sobre
4. de / durante (ao)

III.

1. está
2. falam
3. pede / responde

Vocabulário

agora
alguma
(o) alemão
bem
bonito
o candidato
o cozinheiro
o dia
o direito
durante
o emprego
a entrevista
(o) estrangeiro
o estudante
feio
fluentemente
a folga
fora
o gerente
o hotel
a informação
(o) inglês
a língua
o lugar
o médico
outro
a pergunta
a praia
o princípio
o professor
próximo
o quarto
o-a recepcionista
o salário
também
a vaga

Verbos

descansar
entrevistar
importar-se de
pedir
perguntar
pôr
procurar
ter
trabalhar
trazer
querer
saber

UNIDADE 4

INFORMAÇÕES PESSOAIS

Compreensão

I.

1. Portuguesa.
2. Ele é de Setúbal.
3. Fica perto da capital.
4. Porque anda a estudar na Universidade.
5. Não, ele está a viver numa pensão.
6. É simples e pequena.
7. No centro de Lisboa há muito movimento.
8. Ver passar as pessoas e observá-las.
9. Ele estuda em Lisboa há dois anos.
10. Os pais e os amigos.

II.

1. Lisboa
2. pensão / Lisboa
3. pessoas
4. férias

III.

1. estás / pensão
2. fica / perto
3. há / férias

IV.

1. F
2. V
3. F
4. F

Vocabulário

Prática

I.

1. flores
2. praia
3. vento
4. neve

II:
1. perto
2. pequena
3. limpa
4. sempre
5. simpática
6. amigos

porque
a Primavera
quando
sempre
suja
o Verão
o tempo
a Universidade
o vento

Gramática

Prática

I.

1. A pensão do Nuno é simples mas limpa.
2. Ele visita os pais nas férias.

II.

1. Ele estuda <u>em</u> Lisboa <u>e</u> visita <u>os</u> pais <u>nas</u> férias.
2. <u>O</u> Nuno gosta <u>de</u> ficar <u>a</u> observar <u>as</u> pessoas.

III.

1. portugueses
2. pensões
3. Verões

Vocabulário

agradável
a capital
o centro
as férias
a flor
o Inverno
limpa
longe de
a neve
nunca
o movimento
o Outono
os pais
a pensão
pequena
perto de
a pessoa

Verbos

andar a
divertir-se
estudar
ficar
observar
visitar

UNIDADE 5

UM BOM RESTAURANTE

Compreensão

I.

1. O Pedro convida o Nuno para almoçar.
2. Ele conhece dois restaurantes muito bons.
3. O peixe é uma maravilha e a carne é deliciosa.
4. Ele quer comer peixe.
5. O Nuno está a pensar em pescada.
6. Um prato de camarão.
7. O Nuno fica com água na boca.
8. O restaurante fica sobre o mar .
9. É maravilhosa.
10. Porque a varanda dá para o mar.

II.

1. deliciosa
2. peixe
3. maravilhosa
4. mesa

III.

1. apetece / posta
2. entrada / água
3. sobre / vista

IV.

1. F
2. V
3. F
4. F

Vocabulário

Prática

I.

1. peixe
2. bolo
3. mista
4. chá

II.

1. delicioso
2. maravilhoso
3. marítimo

Gramática

Prática

I.

1. me /te
2. me / lhe

II.

1. O Nuno está com água na boca.
2. Eles querem um prato de camarão como entrada.

III.

1. para
2. neste
3. naquele / do

Vocabulário

a água
o apetite
a boca
o bolo
bom
o camarão
a carne
o chá
deliciosa
a entrada

Verbos

almoçar
apetecer
começar
comer
dar
encontrar
preferir
sugerir

fresco
a ideia
o mar
maravilha
maravilhosa
marítimo
a mesa
mista
o panorama
o pedaço
o peixe
a pescada
a posta
o prato
principalmente
o restaurante
a salada
sobre
a varanda
a vista

Expressões
Boa ideia!
Então, vamos.
Estou com água na boca
E que tal?

UNIDADE 6

FESTA DE ANIVERSÁRIO

Compreensão

I.

1. A Ana.
2. Uma lembrança (um presente).
3. É simples e lindo.
4. A Ana diz: É lindo. Gosto muito. Muito obrigada.
5. Não, só conhece alguns.
6. São amigos da Ana.
7. A Ana apresenta o Nuno ao Paulo e ao Jorge.
8. Muito prazer.
9. Porque estão a chamá-la.
10. A Cristina está sozinha.

II.

1. contente
2. lembrança / presente
3. lindo / simples
4. sozinha

III.
1. contente / lembrança
2. conheces / alguns
3. apresento
4. prazer

V.
1. V
2. F
3. F
4. V

Vocabulário

Prática

I.
1. aniversário
2. Natal
3. Carnaval

II.
1. alguns
2. grandes
3. cá
4. agora

Gramática

Prática

I.
1. falem
2. dá
3. conhecem

II.
1. te
2. os / lhes

Vocabulário

alegre
ali
o aniversário
cá
o Carnaval

Verbos

apresentar
abrir
aparecer
conhecer
deixar

a companhia
contente
a lista
grande
isto
a lembrança
lindo
o momento
o Natal
presença
o presente
satisfeita
sem
simples
sincero
sozinha
todos

olhar
ver
vir

Expressões
Olá, Nuno!

UNIDADE 7

A FAMÍLIA

Compreensão:

I.
1. Ela nasceu numa pequena cidade francesa.
2. Com os pais, os avós e a irmã.
3. Num banco.
4. Ela conheceu Portugal numa excursão.
5. Há dois anos.
6. Porque gostou muito de Portugal.
7. Ela estudou português.
8. No Porto.
9. Ela tem saudades da família.
10. Porque recebeu uma carta da irmã com óptimas notícias.

II.
1. secretária
2. Portugal
3. português
4. família

III.
1. nasceu / viveu
2. carta / cunhado
3. saudades

V.

1. F
2. F
3. V
4. F

Vocabulário

Prática

I.

1. avó
2. pai
3. irmão
4. sobrinha

II.

1. nora
2. sobrinha
3. prima
4. madrinha

Gramática

Prática

I.

1. foi / conheceu
2. aprendeu
3. escreveram
4. chegou / teve

II.

1. Ontem ela recebeu uma carta da irmã e ficou muito feliz

2. Ontem a Françoise conheceu em Lisboa um rapaz muito simpático, que a convidou para um recital de piano.

Vocabulário

até
os avós

Verbos

chegar
decidir

o banco
a carta
casada
o cunhado
a direcção
a excursão
a família
feliz
a irmã
o marido
mas
a nora
a notícia
óptimo
o padrinho
o país
o primo
a profissão
a saudade
a secretária
o sobrinho
tanto
triste

escrever
nascer
receber
voltar

Expressões
ter saudades de

UNIDADE 8

UMA VIAGEM DE AVIÃO

Compreensão:

I.

1. O Nuno foi ao Porto na semana passada.
2. De avião.
3. De táxi.
4. A corrida custou 3 € Ele deu uma gorjeta ao taxista.
5. Apresentou a sua passagem a um funcionário da TAP.
6. Não, entregou-a ao funcionário da TAP.
7. Esperou alguns minutos.
8. Sentou-se e apertou o cinto de segurança.
9. Não, foi muito curta.
10. O avião aterrou à hora prevista.

II -

1. O Nuno
2. gorjeta
3. passagem
4. segurança

III.

1. gorjeta
2. chamada
3. aterrou / prevista

IV.

1. F
2. V
3. V
4. F

Vocabulário

Prática

I -

1. metro (metropolitano)
2. combóio
3. navio

II.

1. adiantado
2. atrasado
3. avariado

Gramática

Prática

I.

1. pagou /deu
2. foram / puderam
3. ouviu / dirigiu
4. fez / foi

II.

1. nenhuma
2. isso
3. tudo
4. toda

Vocabulário

adiantado
o aeroporto
atrasado
avariado
o avião

Verbos

apertar
aterrar
custar
descolar
dirigir

o barulho
o caminho-de-ferro
cedo
a chamada
o cinto
o combóio
a corrida
curta
depois
o embrulho
a estação
a excursão
o funcionário
a gorjeta
a gratificação
a hora
a mala
o meio
o metro (metropolitano)
o motorista
o navio
normal
a passagem
por isso
prevista
rápido
seguida (em)
segurança
o táxi
o taxista
o transporte
a viagem
o vôo

entregar
esperar
funcionar
interessar-se
ler
ouvir
pagar
partir
sentir
terminar
usar

Expressões

à hora prevista
são 9 horas em ponto

UNIDADE 9

AS HORAS

Compreensão

I.

1. Por volta das 7:30 (sete e meia)
2. Porque tem que apanhar o autocarro às oito e um quarto.
3. Está a estudar francês.
4. O Sr. Pereira
5. Ele é o gerente de um bonito hotel.
6. Por causa de uma última entrevista.
7. Cinco candidatos.
8. Ele foi almoçar e apanhar o metro.
9. Sim, ele chegou a tempo.
10. Às 2 horas em ponto.

II.

1. autocarro
2. telefonema
3. à pressa
4. entrevista

III.

1. hora
2. candidatos / um
3. tempo

IV.

1. F
2. V
3. F
4. F

Vocabulário

Prática

I.

1. são dez horas e dez minutos - (são dez e dez)
2. são quatro horas e meia - (são quatro e meia)
3. são um quarto para as nove - (são oito e quarenta e cinco; são nove menos um quarto)
4. são duas e um quarto.

II.

1. a tempo
2. em ponto
3. à hora habitual
4. hora marcada

Gramática

Prática

I.

1. chegue / é / saiu / almoçou / apanhou / chegou / ficou / conseguiu.

II.

1. Eles levantaram-se à hora habitual por volta das sete e meia da manhã e foram apanhar os autocarros à mesma hora.
2. Estamos a estudar francês e queremos aperfeiçoar também o alemão e o inglês.

Vocabulário   Verbos

Vocabulário	Verbos
o autocarro	aperfeiçoar
o costume	apanhar
de manhã	combinar
habitual	conseguir
imediatamente	marcar
o Instituto	sair
mesmo	seleccionar
ontem	
pontual	*Expressões*
o telefonema	Chegar a tempo
	Por que razão?
	Sair à pressa.
	Por volta de

UNIDADE 10

AO TELEFONE

Compreensão

I.

1. Ele teve que telefonar duas vezes.
2. Porque se enganou no número.
3. A Ana.
4. É uma colega da Françoise
5. A Ana disse: "Ela ainda está a dormir"
6. Não.
7. Não. Ela demorou só um minuto.
8. O Nuno está a telefonar do Porto
9. Regressa a Lisboa no dia seguinte
10. Ele convidou a Françoise para jantar.

II.

1. um minuto
2. Porto
3. amanhã
4. claro

III.

1. fala / enganei
2. está / acabou
3. regresso / noite

IV.

1. V
2. F
3. V
4. F

Vocabulário

Prática

I.

Nuno: Estou com dificuldade em <u>ligar</u> para o número 78962. Já tentei várias vezes mas dá sempre <u>sinal</u> de <u>impedido</u>.

Telefonista: Um momento. Vou ver o que se passa. Há realmente um <u>problema</u> com esse telefone. Está <u>avariado</u>.

Gramática

Prática

I. a / ao / com / ao / a / de

II. está a / acabou de / vai regressar / acabaram de

Vocabulário	Verbos
amanhã	acabar
a casa	aceitar
o convite	acordar
a dificuldade	atender
então	demorar
finalmente	desejar
impedido	dizer
o número	dormir
o problema	enganar-se

realmente
o sinal
só
a tarde
várias
a vez

errar
ir buscar
jantar
ligar
regressar
tentar

Expressões
Está lá?
Donde fala?

UNIDADE 11

A SEMANA DA PECHINCHA

Compreensão:

I.

1. No jornal
2. O Luís
3. Sim, acreditou
4. Ficou bastante entusiasmado
5. Dirigiu-se à morada indicada
6. Ele encontrou lá carros em segunda mão
7. É mais novo
8. São mais caros do que os do mercado
9. Por causa desta experiência
10. Significa uma semana em que os preços são muito baixos.

II.

1. jornal
2. entusiasmado
3. carros em segunda mão
4. menos

III.

1. pechincha
2. segunda
3. promoções
4. cuidado

IV.

1. F
2. F
3. F
4. V

Vocabulário

Prática

I.

1. bom
2. compra
3. entusiasmado
4. caros
5. ingénuo

II.

Verbo	Substantivo
oferecer	a oferta
ler	a leitura
apresentar	a apresentação
encontrar	o encontro
comprar	a compra

Gramática

Prática

I.

1. O carro do Luís é mais caro do que o do Nuno.
2. O Luís é menos alto do que o Nuno.
3. O apartamento do Luís é maior do que o do Nuno.

II.

leu / ficou / leu / compre / procure / é

Vocabulário

alto
a altura
o anúncio
a apresentação
a atenção
baixo
barato
a compra
caro

Verbos

acreditar
ficar
informar
oferecer
precisar
significar
telefonar

o carro
crédulo
desmotivado
o encontro
especial
esperto
a experiência
ingénuo
indicada
o jornal
a leitura
maior
mau
melhor
menos
o mercado
a morada
no entanto
a oferta
a pechincha
a pessoa
pior
por causa de
o preço
a promoção
o tipo
velho
a venda

Expressões

carros em segunda mão
e quanto ao preço?
ter cuidado

UNIDADE 12

NA LIVRARIA

Compreensão

I.

1. Porque vai ter aulas de português.
2. No próximo mês.
3. O nome do livro que quer comprar.
4. A Françoise pediu ao empregado um conselho sobre dicionários de Português.
5. Dois.
6. O segundo dicionário.
7. Três. O livro de Português, um dicionário de Português e uma História da Literatura Portuguesa.
8. Ela pagou 40 €.
9. O talão da conta.
10. Na caixa.

II.

1. livraria
2. empregado
3. procurado
4. caixa

III.

1. favor / têm / quanto
2. barato / caro
3. é / todo

IV.

1. F
2. F
3. V
4. V

Vocabulário

Prática

I.

1. mês
2. oferecer
3. empregado

II.

1. <u>aquele</u> dicionário é <u>caro</u>.
2. <u>essa</u> edição é <u>antiga</u>.
3. <u>este</u> livro é <u>pior</u> do que <u>aquele</u>.

Gramática

Prática

I.

1. O que é que o empregado aconselhou à Françoise?
2. Quanto é que custaram os livros?
3. Onde é que a Françoise pagou?
4. Quantos livros a Françoise comprou?

II.

1. aquela
2. esta
3. desse
4. naquela

Vocabulário

aí
antigo
aquele
aqui
a aula
o autor
a caixa
a classe
o cliente
a conta
o dicionário
a edição
o empregado
esse
a história

a literatura
a livraria
o livro
moderno
o nome
no total
a opinião
procurado
o talão
tudo
último

Verbos

aconselhar
atender
encaminhar-se
entrar
iniciar
levar
mostrar
sair
vender

Expressões

ao todo são...
de nada.
quanto custa?
quanto é?

UNIDADE 13

NA PASTELARIA

Compreensão

I.

1. Às 5 horas.
2. Numa pastelaria.
3. A Ana.
4. Não. Porque àquela hora todos os lugares estão ocupados.
5. Pediu uma bica e um copo de água.
6. Não, ela chegou atrasada.
7. Ela pediu um galão e uma tosta mista.
8. Até às 6 horas.
9. Não. A Ana pagou tudo.
10. Recebeu 1,50 € de troco e deu 0,50 € de gorjeta.

II.

1. há muito tempo
2. logo
3. o movimento
4. a conta

III.

1. vagos / balcão / por
2. atrasada / vais / torrada
3. conta / nota

IV.

1. V
2. F
3. F
4. F

Vocabulário

Prática

I.

1. galão
2. cerveja
3. sumo de laranja
4. bicas

II.

1. chegou
2. por sorte
3. uma mesa vaga
4. desculpa chegar atrasada
5. estou com fome

Gramática

Prática

I.

1. O que
2. Qual
3. Com quem
4. Quem
5. Onde

II.

1. tudo
2. todo
3. tudo
4. todo

Vocabulário Verbos

acerca de	chamar
a água	combinar
o atraso	conseguir
a bica	conversar
cá	precisar de
a cerveja	
o chá	
a chávena	**Expressões**
a culpa	
o erro	estou cá com uma fome
a esplanada	nada disso
fácil	por sorte
a fome	
o galão	
imenso	
junto	
logo	
o movimento	
a nota	
a parte	
a pastelaria	
por acaso	
primeiro	
a razão	
o sumo de laranja	
a tosta mista	
o trânsito	
o troco	
a vontade	

UNIDADE 14

PEDINDO INFORMAÇÕES

Compreensão

I.

1. Ela quer dar um passeio por Lisboa.
2. Porque ela ainda não conhece muito bem Lisboa.
3. A um guarda.
4. Ela quer ir para o Cais do Sodré.
5. Não, fica em frente dela.

6. Deve virar à esquerda.
7. Está na rua certa.
8. Tem de continuar a subir.
9. Não.
10. Um guarda do Castelo.

II.

1. informações
2. paragem
3. directamente
4. o Castelo de São Jorge

III.

1. favor / qual / apanhar
2. autocarro / paragem
3. pode / direita
4. sua

IV.

1. F
2. V
3. V
4. F

Vocabulário

Prática

I.

Rua / cruzamento / virou / atravessou

II.

1. dar informações
2. vir
3. atrás de
4. indirectamente
5. princípio
6. descer

Gramática

Prática

I.

1. Eu sei , mas ele não sabe
2. Eu peço, mas ele não pede
3. Eu venho, mas ele não vem

II.

1. responderá
2. entregarão
3. iremos

Vocabulário   Verbos

a capital   atravessar
certa   caminhar
a cidade   continuar
os correios   indicar
o cruzamento   seguir
directamente   subir
a esquina   virar
errada

a estação
o fim

o lado   *Expressões*
o número

a paragem   dar um passeio
o passeio   De nada!
a rua   não tem de quê!
                   esta rua vai ter ao
                   Castelo

UNIDADE 15

IDA AO MÉDICO

Compreensão

I.

1. Porque caiu.
2. Ele caiu há dois dias.
3. Marcou uma consulta.
4. Sim.
5. Ele sente falta de apetite e tem fortes dores de cabeça.
6. Fez-lhe um exame.
7. O pulso do Pedro está um pouco irregular.
8. A tensão arterial está normal.
9. O médico receitou uma pomada.
10. Descansar mais, dormir 8 horas e comer a horas certas.

II.

1. braço
2. dores
3. fundo
4. comer

III.

1. consulta / dores
2. magoei / mexer / falta
3. receitar / comprimidos

IV.

1. F
2. V
3. F
4. V

Vocabulário

Prática

I.

1. medir a tensão arterial (1+f)
2. passar uma receita (2+a)
3. marcar uma consulta (3+c)
4. sentir dor de cabeça (4+b)
5. aviar uma receita (5+d)
6. tomar o pulso (6+e)

II.

1. Muito prazer
2. Está lá?
3. Que tal
4. Boa ideia

Gramática

Prática

I.

1. Eu vim , mas ele não veio.
2. Eu trouxe, mas ele não trouxe.
3. Eu estive, mas ele não esteve.
4. Eu fui, mas ele não foi.

II.

1. A quem é que o Pedro telefonou para marcar uma consulta?
2. Como está a tensão arterial do Pedro?
3. Quem é que lhe receitou uma pomada para o braço?

Vocabulário

Vocabulário	Verbos
além disso	aumentar
o braço	aviar
cansado	cair
certo	magoar-se
o conselho	medir
a consulta	mexer
a dificuldade	receitar
a dor	respirar
a dor de cabeça	sentir
o exame	tomar
a falta	
fatigado	
forte	**Expressões**
fundo	de ontem para hoje
grave	então o que o traz
irregular	por cá?
o medicamento	não estou nada bem
normal	por outro lado
pelo menos	
a pomada	
o pulso	
regular	
a tensão arterial	

UNIDADE 16

IDA A UM ARMAZÉM

Compreensão

I.

1. Durante a época do Natal.
2. Num grande armazém.
3. Porque viram diversos artigos bonitos.
4. Porque ela os achou lindos e modernos.
5. "Que número calça?"

6. Ela comprou outros sapatos.
7. Porque gostou muito deles.
8. Achou o preço caro.
9. Uma carteira e um par de luvas.
10. Tiveram. Elas foram a outra secção.

II.

1. Natal
2. montra
3. caro
4. muito bem

III.

1. volta / montra
2. sapatos / ficam
3. caros / bonitos

IV.

1. F
2. V
3. V
4. F

Vocabulário

Prática

I.

1. calçar
2. descalça
3. despiu
4. usa
5. provar

II.

1. comprar
2. bom dia
3. muito bem
4. caros
5. lindos / bonitos

Gramática

Prática

I.

1. <u>lhe</u>
2. <u>los / os</u>
3. <u>destes / aqueles</u>

II.

foi / viu / decide / vai / resolveu / disse / vista

Vocabulário

o andar
o armazém
o artigo
azul
o calçado
a carteira
encantado
a época
a forma
o fundo
o gabinete
as luvas
maravilhado
o modelo
a montra
o par
a roupa
o sapato
a secção

Verbos

achar
calçar
depender
descalçar
despir
experimentar
mudar
provar
resolver

Expressões

dar uma volta
subir de andar em andar

UNIDADE 17

VESTUÁRIO MASCULINO

Compreensão

I.

1. Porque vai a um casamento.
2. Porque os fatos por medida assentam-lhe sempre bem.
3. Perder tempo a comprar a fazenda, tirar as medidas, provar e os fatos por medida são mais caros.
4. Ele foi a uma loja.
5. O empregado.
6. Na sala ao lado encontrou os últimos modelos.
7. Sim, interessou-se por um em especial.
8. O empregado disse: "A fazenda é de óptima qualidade".
9. No gabinete.
10. Foi muito simpático. Ele disse ao Pedro: "Esteja à vontade e se precisar de mim, chame-me".

II.

1. um fato
2. fato feito por medida
3. numa loja
4. a fazenda

II.

1. assentam
2. fato / medida
3. lado / modelos / fazenda

IV.

1. F
2. F
3. V
4. V

Vocabulário

Prática

I.

2. gravata — pescoço (2/E)
3. manga de uma camisa — botão de punho (3/D)
4. camisa — colarinho (4/B)
5. meias — pés (5/A)

II.

1. gravata
2. sapatos
3. vestido

Gramática

Prática

I.

1. precisa
2. acabou
3. penso
4. passaram

II.

1. ficaria
2. pagaria

Vocabulário

o alfaiate
o algodão
o botão
a camisa
o casamento
o chinelo
o colarinho
o dinheiro
a fazenda
o fato
a gola
a gravata
a lã
a loja
a manga
a mão
a medida
as meias
óptimo
o pé
o pescoço
a preferência
o punho
a qualidade
a sala
a sandália
o tempo
a visita

Verbos

assentar
desistir
mandar
parecer
perder
tirar

Expressões

esteja à vontade
fatos por medida

UNIDADE 18

O CORREIO

Compreensão

I.

1. Para os pais.
2. Não. Ele também quer comprar selos.
3. Porque ele mora no centro da cidade.
4. A um funcionário dos correios.
5. Ele teve que preencher um impresso.
6. Pesou a encomenda.
7. Por via normal.
8. É mais caro enviar cartas registadas.
9. Ele pagou com uma nota de 50 €.
10. Porque às vezes é difícil arranjar troco.

II.

1. uma encomenda
2. no centro da cidade
3. numa balança
4. troco

III.

1. normal / registada
2. pesar / balança
3. troco / nota

IV.

1. V
2. F
3. V
4. F

Vocabulário

Prática

I.

1. ter saudades.
2. Está lá?
3. chegar a tempo.
4. Por sorte.
5. De nada.

II.

1. inimigos
2. vir
3. receber
4. direita
5. nada

Gramática

Prática

I.

1. A quem é que o Nuno enviou uma encomenda?
2. Como é que as cartas foram enviadas?
3. Quem é que pesou a encomenda?

II.

1. O Nuno foi aos correios para enviar uma carta.
2. O/Um funcionário recebeu a encomenda e pesou-a numa balança.
3. O Nuno teve que (de) pagar com uma nota de 50 €.

Vocabulário

a balança
a encomenda
a importância
o impresso
o balcão
o pacote
registada
seguro
o selo
o telegrama
a via

Verbos

colocar
enviar
morar
preencher
restar

Expressões

por via normal

UNIDADE 19

A INFÂNCIA DO NUNO

Compreensão

I.

1. Ele gosta de falar da sua infância.
2. A Françoise.
3. Ao Nuno e ao irmão dele.
4. O Nuno tem um irmão.
5. Durante as férias.
6. Porque o pai o obrigava a estudar.
7. Prometeu que nunca obrigaria os seus filhos a estudarem durante as férias.
8. Duas vezes por semana.
9. Faziam longos passeios pela montanha.
10. Ao cair da noite.

II.

1. o pai
2. nas férias
3. pela montanha
4. ao cair da noite

143

III.

1. infância / estudar / vezes / férias
2. recordações
3. tempo / levava-os / passeios

IV.

1. F
2. V
3. F
4. V

Vocabulário

Prática

I.

1. infância
2. velhice
3. época
4. adolescência

II.

1. histórias
2. crianças
3. prometer
4. acontecer
5. passeios

Gramática

Prática

I.

1. caminhavam / viam
2. estudava / ia
3. terminava / punha

II.

1. A quem é que o Nuno contava histórias de sua infância?
2. Por onde é que eles davam passeios?
3. Com quem é que ele ia pescar?

Vocabulário

Vocabulário	Verbos
a criança	acontecer
a história	guardar
a época	levar
felizmente	obrigar
as férias	pescar
o filho	prometer
a infância	
o irmão	**Expressões**
longo	
a montanha	o cair da noite
o passeio	guardar recordações
a recordação	

UNIDADE 20

UMA IDA À PESCA

Compreensão

I.

1. Pescar no rio.
2. Ele costumava pescar trutas.
3. Num rio perto da casa deles.
4. Quando o Nuno e o irmão se atrasavam.
5. O avô dava-lhe conselhos sobre a pesca.
6. O Nuno ouvia-o com muita atenção.
7. Porque não gostava de pescar.
8. Ele lia junto ao rio.
9. Não. Só às vezes.
10. Aos vizinhos.

II.

1. trutas
2. no rio
3. furioso
4. junto ao rio

III.

1. pesca / furioso
2. conselhos / pesca
3. pescavam / vizinhos

IV.

1. F
2. V
3. F
4. F

Vocabulário

Prática

I.

1. dava bom dia
2. dava conselhos
3. deu-lhe os parabéns
4. dá para o mar

II.

1. ténis
2. ginástica
3. pesca submarina

Gramática

Prática

I.

1. qual
2. que
3. quais

II.

1. pescava / lia
2. chegaram / estava
3. eram / sairam

Vocabulário

a atenção
antigamente
o conselho
furioso
a ida
junto a

Verbos

atrasar
dedicar-se
ler
ouvir

o mar
o neto
a paixão
os parabéns
o peixe
a pesca
o rio
submarina
o ténis
o tipo
a truta
o vizinho

UNIDADE 21

UM JANTAR IMPREVISTO

Compreensão

I.

1. O marido da Isabel.
2. Quatro amigos.
3. Muito tarde.
4. Porque o telefone estava avariado.
5. Porque já era muito tarde.
6. Ela teve que improvisar uma ementa.
7. Com o que havia em casa.
8. Correu bem.
9. Gostaram, porque comeram bastante.
10. Não, não foi fácil.

II.

1. a Isabel
2. o supermercado
3. uma ementa / um jantar
4. bem

III.

1. avisou / avariado
2. supermercados / improvisar
3. correu / fácil

IV.

1. F
2. V
3. F
4. V

Vocabulário

Prática

I.

1. supermercado
2. pastelaria
3. frutaria
4. padaria

II.

1. gosta
2. lembrar-me
3. tarde
4. chegou
5. fechados
6. fácil
7. bem

Gramática

Prática

1. viu / ficou
2. gosta / teve
3. preparava / conversavam
4. agradeceram / despediram-se

Vocabulário

o alimento	**Verbos**
o apetite	
bastante	agradecer
o bolo	avisar
o electrodoméstico	correr
a ementa	despedir-se
a esposa	imaginar
fresco	improvisar
a frutaria	inventar
a padaria	
recente	***Expressões***
o supermercado	
surpreendida	o contrário
a surpresa	

UNIDADE 22

UMA CASA

Compreensão

I.

1. O pai do Nuno é o Sr. Antunes e a mãe do Nuno é a D. Maria.
2. É uma casa muito bonita e espaçosa.
3. Há muitos anos.
4. Ficam em frente da casa.
5. É o Sr. Antunes.
6. A garagem fica ao lado da casa.
7. No primeiro andar há uma casa de banho e no segundo há duas.
8. Há uma grande varanda.
9. Levanta-se de manhã muito cedo.
10. O Nuno gosta de dar longos passeios pelo campo.

II.

1. perto de Setúbal
2. árvores de fruto
3. grande
4. longos

III.

1. cultiva / pomar / atrás
2. canteiros / guarda
3. andar / sala / visitas/ segundo / quartos

IV.

1. V
2. F
3. F
4. F

Vocabulário

Prática

I.

2. a pêra — a pereira (2+C)
3. a cereja — a cerejeira (3+B)
4. o pêssego — o pessegueiro (4+E)

5. o figo — a figueira (5+A)
6. a laranja — a laranjeira (6+G)
7. o limão — o limoeiro (7+D)

II.

1. sala de jantar
2. cozinha
3. quarto (de dormir)
4. escritório
5. casa de banho
6. sala (de visitas)

Gramática

Prática

I.

1. Por onde
2. Qual
3. Quais
4. Como

II.

Antigamente o Nuno passava as férias na casa dos pais e sempre que podia dava longos passeios pelo campo. Ele era muito conhecido naquela região e tinha muitos amigos.

Vocabulário

o andar
a área
a árvore
o campo
o canteiro
a casa de banho
a cereja
a cerejeira
a cozinha
a despensa
o escritório
espaçosa
as férias
o figo
a figueira
o fruto

Verbos

estacionar
cultivar
plantar

a laranja
a laranjeira
o limão
o limoeiro
localizada
longo
a maçã
a macieira
o passeio
a pêra
a pereira
o pêssego
o pessegueiro
o piso
o pomar
o quarto de dormir
a região
a roseira
a sala de jantar
a sala de visitas
segundo
a varanda

UNIDADE 23

RESERVA DE QUARTO NO HOTEL

Compreensão

I.

1. O Nuno.
2. Não. Eles quiseram ficar num hotel.
3. Porque os hotéis estavam cheios.
4. Chama-se Hotel Fonte.
5. Porque o hotel estava totalmente cheio durante aquele mês.
6. Uma semana.
7. Eles queriam um quarto de casal.
8. Depois de quatro telefonemas.
9. Fica situado na baixa de Lisboa.
10. É um hotel de três estrelas.

II.

1. A partir da próxima segunda-feira.
2. Totalmente cheio.
3. Depois de mais três telefonemas.
4. Hotel de três estrelas situado na baixa de Lisboa.

III.

1. telefonar / reservar
2. ficar / casal
3. vago / cheio

IV.

1. F
2. F
3. V
4. V

Vocabulário

Prática

I.

2. o cabide está no guarda-fato (2+E)
3. a água tónica está no frigorífico (3+D)
4. a toalha de banho está na casa de banho ((4+A)
5. o candeeiro está na mesinha de cabeceira (5+C)

II.

1. campaínha
2. mesa
3. toalha

Gramática

Prática

I.

1. facilmente
2. firmemente
3. fortemente
4. calmamente

II.

1. Eles chegaram a telefonar para quatro hotéis diferentes para conseguirem um quarto de casal.

2. Acabaram por ficar no centro de Lisboa, perto da pensão do Nuno.

Vocabulário

a água tónica
a almofada
antes de
a partir de
a baixa
o cabide
a calma
a cama
a campaínha
a característica
a casa de banho
o centro
cheio
o cobertor
a colcha
completamente
o copo
depois de
a escova de dentes
a esposa
a estrela
a facilidade
a firmeza
a força
o guarda-roupa
o hotel
infelizmente
a marcação
a mesinha de cabeceira
o quarto de casal
a pasta de dentes
possível
a toalha de banho
totalmente

Verbos

acabar por
desejar
encontar
ficar situado
partir
reservar
resultar
saber
verificar

UNIDADE 24

NA RECEPÇÃO DO HOTEL

Compreensão

I.

1. Eles dirigiram-se logo para a recepção.
2. Foi feita pelo telefone.
3. O quarto ficou reservado em nome do Sr. Antunes.
4. Sim, lembrava-se. Era o quarto nº 240.

5. Sim. Ele verificou a marcação feita pelo Sr. Antunes.
6. Não. Eles ainda não sabem se vão ficar mais alguns dias.
7. Entregou a chave do quarto.
8. No restaurante do hotel.
9. É servido das 7.00 às 10.00 horas da manhã.
10. Ele teve que preencher uma ficha.

II.

1. o empregado
2. por uma semana
3. o pequeno almoço
4. Sim, claro.

III.

1. reserva (marcação) / nome
2. chave / pequeno almoço / é
3. preencher / empregado

IV.

1. V
2. F
3. F
4. V

Vocabulário

Prática

I.

1. lanchar
2. jantar
3. pequeno almoço
4. almoçar

II.

1. o telefone
2. avisar
3. o pensamente
4. marcar
5. o almoço

Gramática

Prática

I -

1. atendidos
2. preenchida
3. postas
4. feitas

II.

1. limpo
2. situado
3. preenchida
4. aberto

Vocabulário

o almoço
o aviso
a chave
a coisa
a compota
correcto
demais
a esposa
a ficha
o hábito
a marcação
normalmente
o pensamento
o pequeno almoço
o queijo
realmente
a recepção
o vestíbulo

Verbos

atender
avisar
dirigir-se
entregar
informar
jantar
lanchar
lembrar-se de
marcar
pensar
pôr
preencher
saber
tomar
verificar

Expressões

em nome de
tomar o peque-
no almoço

UNIDADE 25

VESTUÁRIO FEMININO

Compreensão

I.

1. Sempre na mesma loja.
2. Porque naquela loja a roupa assenta--lhe sempre bem.
3. Uma blusa.

149

4. Uma blusa de seda, de manga curta.
5. A empregada apresentou-lhe vários modelos de blusas.
6. Azul escuro. Número 44.
7. Não, trouxe-lhe uma blusa azul claro.
8. Porque a achou muito bonita.
9. Ficou-lhe muito bem.
10. Decidiu compra-lá (levá-la).

II.

1. a roupa assenta-lhe muito bem.
2. curta.
3. em exposição.
4. realmente é muito bonita.

III.

1. manga / curta
2. prová / bem
3. blusa / alterar

IV.

1. F
2. V
3. V
4. F

Vocabulário

Prática

I.

1. camisa de dormir
2. saia
3. vestidos
4. calças compridas

II.

1. diferente
2. comprida
3. claro
4. trazê-la
5. tudo

Gramática

Prática

I.

foram / fica / viram / entraram / observava / comprou

Vocabulário

azul
a blusa
branco
calças compridas
claro
a camisa de dormir
escuro
a exposição
fino
a loja
a manga
a moda
o modelo
a roupa
prático
a razão
realmente
a saia
a seda
o tecido
vermelho
o vestido

Verbos

achar
alterar
assentar
combinar
escolher
levar
modificar
mudar
observar
preferir
provar
ser preciso
trazer
vestir

Expressões

desta vez
em relação

UNIDADE 26

FÉRIAS

Compreensão

I.

1. Não é muito alto.
2. Porque tem alojamento e comida de graça.
3. Gostam muito. Porque ele é simpático e prestável.
4. Boas gorjetas.
5. Ele tem pensado em conhecer outros países.
6. Para juntar dinheiro.
7. Viajar e conhecer o Egipto.
8. Ele sonha fazer a sua primeira viagem de navio, num cruzeiro.
9. Não. É muito cara.
10. Para abrir uma conta a prazo.

II.

1. alojamento e comida
2. clientes
3. dinheiro
4. conhecer o Egipto.

III.

1. de graça / dinheiro
2. prestável / boas
3. cruzeiro / abrir

IV.

1. F
2. F
3. V
4. V

Vocabulário

Prática

I.

1. de graça
2. por outro lado
3. mas
4. em vez de

Gramática

Prática

I.

1. com
2. em (numa)
3. a

II.

1. tem dormido
2. tem escrito / tem tido
3. têm gasto

Vocabulário   Verbos

o alojamento   aproveitar
o banco   economizar
a comida   gastar
a conta   guardar

a conta a prazo
o cruzeiro
fixo
grátis
a oportunidade
o ordenado
prestativo
prestável
o projecto
recreativa
ultimamente

juntar
poupar
sonhar
viajar

Expressões

abrir uma conta
além disso
de graça
em vez de
no entanto
por outro lado

UNIDADE 27

NO BANCO

Compreensão

I.

1. No dia da folga dele.
2. Desde Junho.
3. O número de conta.
4. Abrir uma conta a prazo.
5. Talvez 400 €.
6. Uma conta a prazo de um ano.
7. Porque o juro depende do tipo de conta a prazo.
8. Uma ficha.
9. Ele assinou na última linha da ficha.
10. Ele lembrou-se de requisitar um livro de cheques.

II.

1. Junho
2. o saldo
3. o juro
4. ficha

III.

1. saldo / abrir / prazo / requisitar
2. juro / cento / ano

IV.

1. F
2. V
3. V
4. F

Vocabulário

Prática

I.

1. dinheiro
2. uma conta
3. um cheque
4. moeda
5. um livro de cheques

II.

a utilidade / anual / o mês / a variação

Gramática

Prática

I.

Ontem o Pedro <u>entrou</u> no banco e <u>dirigiu-se</u> a um empregado. Ele <u>queria</u> saber o saldo da sua conta à ordem e também abrir uma conta a prazo. O empregado <u>atendeu-o</u> e <u>deu-lhe</u> todas as informações que o Pedro <u>precisava</u>.

Vocabulário

o cheque
o cliente
conforme
a conta à ordem
a decisão
disponível
o juro
a linha
o livro de cheques
mensal
a moeda
o montante
nova
a quantia
o saldo
útil
variável

Verbos

assinar
cambiar
depositar
requisitar
saber
variar

Expressões

de repente
em relação a

UNIDADE 28

A FARMÁCIA

Compreensão

I.

1. Na rua.
2. Porque não se viam há muito tempo.
3. Ele reparou que o Pedro estava um pouco pálido.
4. Perguntou-lhe se ele estava com algum problema de saúde.
5. Com uma forte dor de cabeça.
6. Numa farmácia.
7. Ele estava a sentir-se mal.
8. Porque o Nuno pensava que o Pedro estava a ficar com gripe.
9. Achou que era uma boa ideia.
10. Não. Só alguns.

II.

1. Por acaso.
2. Durante certo tempo.
3. Uma caixa de aspirinas.
4. Uma receita médica.

III.

1. encontraram / pálido
2. dores / mal
3. aviam / receita

IV.

1. F
2. V
3. F
4. V

Vocabulário

Prática

I.

1. antibiótico
2. comprimidos
3. pomadas
4. conta-gotas

Gramática

Prática

I.

1. tinha visto
2. tinha estado

II.

1. O Pedro disse ao Nuno que ele estava a sentir-se mal e que tinha dores de garganta.

2. Quando o Nuno viu o Pedro perguntou-lhe se ele estava bem.

3. O Nuno ainda lhe disse que notava que ele estava abatido.

Vocabulário   Verbos

abatido	acordar
afectado	aviar
adoentado	esfregar
o antibiótico	notar
a aspirina	reparar
a cabeça	sentir
a caixa	
o comprimido	**Expressões**
o conta-gotas	
a dor	de qualquer maneira
a farmácia	estar mal disposto
forte	por acaso
a garganta	
a gripe	
a ideia	
mal	
o medicamento	
no entanto	
pálido	
a pomada	
a receita médica	
o remédio	
a saúde	
a sugestão	
o xarope	
a zona	

UNIDADE 29

O EURO

Compreensão

I.

1. O Peter é americano e amigo da Françoise.
2. A Françoise conheceu-o em Paris há alguns anos.
3. Várias vezes.
4. É Lisboa.
5. Ele fica num hotel.
6. O Euro tem 8 moedas. Há moedas de 1 cêntimo, 2 cêntimos, 5 cêntimos, 10 cêntimos, 20 cêntimos, 50 cêntimos, 1 euro e 2 euros.
7. O Euro tem 7 notas. Há notas de 5 euros, 10 euros, 20 euros, 50 euros, 100 euros, 200 euros e 500 euros.
8. Um Euro tem 100 cêntimos.
9. A Françoise.
10. Porque o Peter agora já conhece bem o Euro.

II.

1. Peter
2. Lisboa
3. Euro
4. Peter

III.

1. Euro
2. saudades
3. moedas / notas

IV.

1. F
2. F
3. F
4. V

Vocabulário

Prática

I.

1. americana
2. japonesa
3. europeia
4. indiana

II.

1. dois euros e cinquenta cêntimos
2. três euros e setenta e cinco cêntimos
3. cento e cinquenta euros

Gramática

Prática

I.

recebeu / é / há / ia / ficava / chegou / / conhecia / mostrou.

Vocabulário

normalmente
os arredores
a sugestão
o sistema
monetário
o Euro
a explicação
o valor
a moeda
a nota
o cêntimo
quase
o troco
a unidade
japonesa
indiana
europeia
americano

Verbos

acontecer
resolver
aceitar
mostrar
enganar-se
receber
vir
visitar

Expressões

desta vez
matar saudades
às vezes
fazer compras

UNIDADE 30

TRÊS DIAS DE GREVE

Compreensão

I.

1. À Françoise.
2. Com as atitudes que, às vezes, ela toma.
3. Reuniu a família.
4. A greve da Isabel consiste em não cozinhar.

5. Ela resolveu sair com uma amiga e só voltar depois do jantar.
6. Não, não acreditou totalmente.
7. Ele ficou preocupado com as suas novas responsabilidades.
8. Sandes e bolachas.
9. Durou três dias.
10. A greve terminou quando o marido e os filhos cederam e aceitaram todas as reinvidicações da Isabel.

II.

1. histórias da sua família
2. uma amiga
3. depois do jantar
4. preocupado

III.

1. greve / tocar
2. ficou / fim / aceitaram

IV.

1. V
2. V
3. F
4. V

Vocabulário

Prática

I.

1. limpa o pó (1+D)
2. arruma a casa (2+B)
3. põe a mesa (3+E)
4. prepara as refeições (4+A)
5. lava a loiça (5+C)

II.

1. detesta
2. acompanhados
3. entrar
4. recusaram

Gramática

Prática

I.

1. em
2. com / para
3. por

II.

1. -lhe
2. -as
3. -lhas

Vocabulário

acompanhado
a atitude
a bolacha
a divisão
a frigideira
a greve
a grevista
a história
a louça
a panela
o pó
preocupado
realmente
a reinvindicação
a reclamação
a responsabilidade
a sandes
o tacho
a tarefa
o utensílio

Verbos

aceitar
acrescentar
arrumar
ceder
descobrir
desistir
detestar
divertir
espantar
explicar
juntar
limpar
pegar
recusar
reunir
surpreender
tocar

Expressões

de agora em diante
tomar atitudes